二〇一一—二〇二〇年國家古籍整理出版規劃項目
國家古籍整理出版資助項目
安徽省文化强省建設專項資金項目
安徽省古籍整理出版基金會資助項目

桐舊集

方履中署

四

[清]徐璈◎輯録　楊懷志　江小角　吴曉國◎點校

北京师范大学出版集团
BEIJING NORMAL UNIVERSITY PUBLISHING GROUP
安徽大学出版社

桐舊集

方守敦敬題

本册點校 楊懷志

目録

卷十五

王槱　胡淳
蘇求敬　同校

卷十六

王樾　胡淳　蘇求莊　同校

卷十七

江有蘭　王文林
方宗誠　蘇求敬　同校

卷十八

方葆馨 王 櫺
徐 裕 蘇求莊 同校

趙釴二十九首

寶華厓 龍眠山莊詠 二十首

趙鴻賜九首

卷十九

方聞　王檝
江有蘭　蘇求莊　同校

卷二十

吴元甲　徐　裕
王　樾　蘇求敬　同校

卷十五

王 標 胡 淳
蘇求敬 同校

江宏濟一首

江宏濟 字本深，成化丙戌進士，官御史，巡滇南。江南通志：『由進士除清豐令，擢御史，持重有操檢。嘗云：「御史紀綱所繫，糾察在當人心，論諫在識大體。」及按長蘆、滇南，風裁凜然。』

送孫逸人遊楚

薊門歸幾日，又作水雲游。策蹇青松路，鳴榔紅〔一〕蓼洲。笛聲武昌〔二〕夜，木葉洞庭秋。到處堪容醉，生涯一任浮。

校記：〔一〕『紅』，龍眠風雅作『白』。〔二〕『武昌』，龍眠風雅作『黃鶴』。

江中龍一首

江中龍 字鱗一，號南溪，天啟間諸生。

白門午日喜晤戴東鮮

乘流匣筑傍西州，天潤占星望斗牛。我已倦遊慚立鶴，君來擊汰狎浮鷗。新江花柳薰風老，故國漁樵暑雨稠。連日愁心同屈瓠，相逢聊復慰三秋。

江之漢四首

江之漢 字向若，天啟間諸生。

月夜渡江

江晚風偏急，烟波一櫂還。攜來新月色，分照故人顔。花路積莓雨，春衣生蘚斑。薰香理舊帙，肯負半秋閒。

泛月宿潭湖寺

鶯花斷過不知春，笠雨竿烟與夢親。晴月入林如媚客，寒禽啼樹似呼人。世尊傳是三唐像，父老猶然萬曆民。此際行游懷尚足，青山好問赤松鱗。

村　叟

朝驅牛羊來，暮驅牛羊去。半在湖上眠，半在湖邊〔一〕住。有時持釣竿，獨向溪邊立。問叟何所思，魚來水自急。

校記：〔一〕『湖邊』，龍眠風雅作『山中』。

江　迥二首

江　迥　字開遠，之漢子，崇禎間諸生。郡志：『博學工詩文，每豪飲後，揮筆灑灑數千言，丰姿朗如，天然暢適。』

鄧阜看月

生事經年薄，窮冬尚遠遊。繁霜雷兩鬢，微月在孤舟。客況偏宜酒，詩情賴有愁。欲眠寒不寐，無那〔一〕枕溪流。

校記：〔一〕『那』，龍眠風雅作『奈』。

客中聞笛

繫馬垂楊傍草亭，青山叠叠水泠泠。誰家更弄梅花笛，腸斷行人不忍聽。

江爲龍二首

江爲龍 字我一，號硯崖，康熙庚辰進士，官吏部員外郎。貢舉考略：『康熙丁酉廣西典試，户部主事江爲龍。』

典試山西途中述懷

雙旌出門駐，乘馬何駸驔？泰山來馬前，空翠落晴嵐。三晉多名材，欝欝杞與枬。美中棟梁選，幽隱須窮探。並收無一遺，此語豈易談？但思力所及，中夜求無慚。天清陰翳空，秋月生寒潭。

贈徐都統

旌旄颯爽鳳城秋，甲帳深嚴訪舊遊。手握虎符偏愛士，相成燕頷自封侯。葡萄睹墅花盈榭，韎韐函書月滿樓。圖畫凌烟應第一，都人争望説瀛洲。

江　皋十五首

江　皋　字在湄，號磊齋，之湘孫，順治辛丑進士，官四川提學副使、福建興泉道參政，有入覲草、實地齋集。錢田間集江在湄守鞏昌序：『在湄，吾鄉詩人，既通籍，尤好吟詠。其往來京師，流覽山川，形諸詩者莫不殷君國之憂，念民生之戚，而感物造端，至于蟲魚草木亦皆極微盡變，以寄託其所欲言。』又磊齋入覲草序：『江子磊齋以詩名者二十年，茲以江州司馬入覲，觸景書懷，即事寓興，以所見作繪圖吟，以仿監門之意。』方南堂贈磊齋觀察詩：『林下清風吹酒卮，得閒襟抱日逶遲。鄉人勒石標殊德，海客將珠請舊詩。會把山爲娱老具，不因雨阻看花期。只今落落無同調，想見移牀遠客時。』

燈花

旅館夜長寂，寒燈亦自花。爐温分篆影，菊冷奪霜華。對酒人初醉，巡檐月已斜。故園占客況，兒女笑聲譁。

禮瑞白禪師塔院

龍眠有老宿，結宇此龍華。一笠留莖草，千峰散雨花。津梁看世變，山水任年賒。石塔瞻遺像，彌深空外嗟。

雨中投宿山店

山市數家屋，深藏老樹層。牧歸門乍掩，客到榻重增。接竹通厨水，燒松代夜燈。漸聽方語異，問俗竟無憑。

秋月湖村雜述 十二首之二

土屋陰生雨，虚檐淺蓋茅。蟬留高樹蜕，鳥入爛禾巢。晚渚風翻芰，秋棚蔓引匏。往還漁叟熟，無處覓新交。

鋤菜初成圃，編籬暫改門。飲香炊芡米，薪溼刈蒲根。索飲過茅舍，嘗新借瓦盆。臨流披短袷，争浴鬧兒孫。

漂母祠

荒祠寂寂臨淮水，漢祚頻移俎豆存。巾幗尚知憐國士，鬚眉誰與識王孫？千金信有酬恩重，一飯難爲望報尊。獨異英雄漂泊日，饑驅曾不向侯門。

泊湖口

曉趁輕風一日程，暮雲開處見高城。吴山向楚峰猶轉，湖水分江色獨清。怪石芽林環壁立，小舟乘月逐波行。夜深浪戛鏑聲吼，礫礫還聞棲鶻驚。

鄱湖水未入江處，獨清泚可鑒。

投黎博庵先生

芳洲茅屋蓼花濱，高隱於今更幾人。栗里酒多常得醉，青門瓜熟未爲貧。方袍不問城中路，野艇閒垂江上綸。閭里共傳太邱政，遺碑猶向峴山春。

先生尊翁曾令桐城。

天壇寓中

地静身閒日正長，北窗高卧掩虚廊。一簾青映葡萄雨，半枕凉生茉莉香。茶熟自傾冰椀潔，酒新時引碧筒嘗。誰家馬上馳驅客？又蹴飛塵滿路傍。

送汪芾斯返湖上

我來邗上君遲久，君去西湖我尚留。豈謂窮途還惜别，轉看歸客重離愁。月明深夜空梁冷，潮落新秋一棹幽。樽酒更期何處醉，蘇堤烟雨許同游。

新歲自龍華歸寓

故國椒盤又見新，關山何處望歸人。漸拋家累全依佛，欲破塵緣不問身。節序莽看催倦鳥，舟車無計謝勞薪。放懷羈旅心全適，白飯青蔬未覺貧。

杜鵑句：『正好啼時花落候，不堪聞處月明林。』蝴蝶句：『但以花開成聚散，不隨風引自高低。』草堂句：『繞砌月陰移竹後，閉門春雨種花初。』九日句：『雨聲不斷遊人屐，秋色偏藏野老家。』雜興句：『買書堆案供子懶，索酒過鄰笑客真。』

子夜歌

荷露珠難合，新簪出水斜。早知蓮子苦，莫折並頭花。

紫騮馬

駿足千金換，嘶風早着鞭。誰能真愛惜？只爲錦連錢。

廣陵竹枝詞 八首之一

纔過競渡罷龍舟，避暑齊開水面樓。月上晚涼新浴後，纖纖波影落簾鈎。

宮怨 十首之一

何事東家慣效顰，鉛華能艷幾朝身。生憎姊妹嬌癡絶，纔識君王便妬人。

江廣礜一首

江廣礜 字繡聞，康熙乙丑進士，官臨邑知縣。

絶句

西齋客散掩斜陽，蝶夢初回步短廊。莫道無花春寂寂，依人楊柳倍輕狂。

江筆一首

江筆 字紹文，號書田，康熙庚午舉人。郡志：『筆與兄弟臯、廣譽有「三江」之目。』

庭陰

晝閒看日影，容易落庭陰。老樹不成蓋，高窗恰向林。轉鶯過隙意，益感浪遊心。返照烟生處，歸飛噪暮禽。

江自峵五首

江自峵 字冠雲，號益三，康熙間諸生，有鱸香詩集。

初晴

高閣閟餘陰，平野散清旭。連朝霖雨多，秧田緑如縟。倚樹眺平洲，蘭杜散幽馥。曲港無舟行，垂楊静時緑。時聞晚漁歌，菰蒲起鷗鷺。

登黄鶴樓

五月梅花笛，曾吹江上寒。只今千載下，空自倚欄干。黄鶴幾時去，白雲猶未殘。樓前一片月，終夜獨相看。

送人之粤

年少難爲客，况君千里行。薰風六榕寺，明月五羊城。涉險憑忠信，依人練老成。臨岐無别語，珍重事長征。

晚坐

野扉風自開，遠見牛羊回。微雨竹間歇，山光溪上來。荷珠滴清露，鶴爪印蒼苔。坐久閒庭晚，寒陰落古槐。

春思

樓頭不種柳，種柳遂成絲。階下莫栽花，花發三春時。

江化澐十九首

江化澐 字佃葵，號汶川，臯孫，雍正時諸生，有抱山草堂詩鈔。劉海峰草堂詩鈔序：『汶川少工時文，爲學官名弟子，屢擯於主司，而性好遊覽，跋山涉水，崎嶇燕秦萬里之外，窮愁艱阻，可喜可懼，忿憾無聊不平之氣，一皆寓之於詩。其詩於唐似白香山，於宋似陸務觀，而其才又有拔於香山、務觀之外者。』

雜　詩　四首之一

蕭艾滿階除，麗茸塞庭户。蘭蕙茁其芽，含葩秀不吐。一臭與一馨，物類各爲伍。託根不得地，栽培賴老圃。勿惜芟刈勞，寂寞啼秋雨。

詠　史　十首之二

負奇不有遇，圭璧委土壤。天心杳難知，於此事多爽。念彼醉尉嗔，中懷悲李廣。猿臂射通神，封侯何渺茫。更貽失道羞，劍血染邊莽。感此泣英雄，數奇徒像想。

洛陽有賈生，吴公荐名士。年少策治安，漢庭誰與比？急欲有所爲，絳灌疑忌起。况當誅呂初，君臣安治理？激切感時事，悲哉徒自毁。放去長沙時，不見三閭子。由來家國事，不樂人輕指。奈何新進臣，措言遂至是？假爾生後時，草莽痛哭死。

潘幼石中瀘取水畫卷

中瀘泉隱江心中，郭璞墓側石巃嵸。坡仙飲後五百載，井華浪得聲名隆。大陽道士閩海客，御風得得乘長風。真源獨探向石窟，一葉夜櫂招潘翁。烟籠浮玉山窈冥，波翻雪浪江玲瓏。捨舟躡石走跰蹮，雲根淵渚濤聲雄。銅盂千尺下修綆，瓊漿獨出蛟龍宫。船回浪激傍斷岸，荻蘆花白漁燈紅。椰瓢瀉水出江月，瓦鐺炙火來松風。飲處心神沁冰雪，有如吸盡西江洪。我聞拂卷三太息，世事於此將毋同。巨眼須教辨真僞，耳食却笑奔愚懵。第一泉澄澈江底，紛紛猶説風塵中。先生身羨有仙骨，羽客意外相遭逢。我亦夙抱陸羽癖，當年恨未從高踪。呼童仿佛製汲器，他時好挂京江篷。

喜　雪

三冬晴明日杲杲，田疇麥種多枯槁。憂時太守望年豐，到處琳宫事祈禱。新正三日北風狂，一夜雪飛埋宿草。蕭齋庭户深尺餘，笑叱奚童莫輕掃。撒鹽飛絮漫長空，白鳳誰騎下蒼昊？開窗冷韻對檐梅，石丈歌同鶴髪老。市廛輻輳雪如斯，空村應壓笆籬倒。東作農夫幸有期，入地蝗蝻灾可保。我本天涯乞食人，筆耕却望西成好。但願秋風羅稏村，人人刈穫香杭擣。我縱飄零寸土無，亦覺客懷袪懊惱。光摇銀海燦生花，晴知阡陌添行潦。踏至呼朋問酒家，好去平山事幽討。

勁健無懦，句仿佛歐、蘇聚星堂之作。

村居

孤烟何處村，村路問名園。柳拂風垂地，荷香人到門。水亭沿曲沼，石磴接高原。避暑期他日，呼童載酒尊。

雨泊皖口

遠樹蒼烟合，遥天白霧籠。鄉關百里外，風雨一舟中。尊對村醪碧，花看破屋紅。離愁添種種，漂泊愧歸鴻。

五人墓

國步艱難日，天高不可呼。權奸禍鈎黨，忠義盛屠沽。白刃甘王法，清名感匹夫。豐碑當墓道，不愧表通衢。

贈友人

半載辛勤歷險艱，無稽彈劾致君間。宦情等食黄連蜜，鄉夢先婦甘草山。莫惜功名成墮甑，得回田里放籠鷴。蒓鱸風味依然在，楚水吴山任往還。

湟中憶故鄉

十載萍蹤託異方，春來無日不思鄉。銀絲膾煮江魚美，玉版禪參竹笋香。酒瓮舊藏開臘醞，茶芽新到試頭綱。不知何事堪留戀，馬酪羊酥斷客腸。

同朱漢源吴四至次松陵集夏景冲澹韻

瀟瀟雨透竹窗紗，淅淅風吹藕葉斜。暑失頓忘時是夏，身閒常以客爲家。烹泉親貯池心月。課僕還移寺裏花。領取莊生齊物意，頗教寂寞勝繁華。

舟 行

柔櫓輕篙傍岸行，波濤一派走空明。山邊黄葉間紅葉，澗外風聲雜水聲。把卷聊教排客興，聽猿頓起憶鄉情。雙雙翡翠驕人意，飛過前灘作對鳴。

懷故人

交遊夙昔半英豪。落落晨星首重搔。隴上輟耕空有志，道傍築舍總徒勞。萍蓬託迹甘終老，牛馬呼名任所遭。一笑幾曾知察克，區區眼底况兒曹。

楊鍊師丹房

小院葺幽棲，深藏花木處。時有山禽來，三两聲啼去。

入吴舟中

吹蓬蹤跡笑狂奴，又挂蒲帆到五湖。秋水一江蟲两岸，櫓摇殘月聽吴歈。

於潛道中

四山嵐擁色蒼涼，飽看真忘客路長。十畝桑麻雞犬静，亂泉聲裏焙茶香。

宿環溪

門逐方塘小徑開，夕陽時爲看花來。客歸相送寺烟白，吟斷鐘聲踏月回。
一把芭茅蓋水亭，形如笠子出林坰。晚來最愛閒吟眺，挂樹藤花覆緑萍。

真州東城看荷花

買櫂城南雨霽時，一枝柔櫎入湟池。柳邊風到凉如水，開遍白荷無數枝。

江有龍一首

江有龍 字若度，號涵齋，乾隆甲子副榜，官江甯訓導。鶴徵録：『先生以安徽巡撫趙國麟荐舉經學，後官江甯府訓導。先生與海峰並爲古文，學得望溪家法，尤熟於諸史。』

江上晚行

日暮鳥飛絶，片帆烟水行。星光隨柁轉，江影接天明。雪積遠峰白，鐘傳野寺清。前途知水驛，戍角起初更。

江元春一首

江元春 字藴生，號雪坡，乾隆間諸生，有雪坡詩集。吴畫溪集江藴生遺事：『藴生幼穎敏，喜爲詩。家雖貧，然有荒圃，名亦園，有老竹、怪石、蒼松及野池、喬木之屬，每召余及南庭兄嘯詠其中。爲諸生，十入棘闈而不售。嘗客遊四方，以謀菽水。其爲詩曰：「笙歌日日花前酒，風雨年年夢裏家。」亦可哀也。』

宿山家

石徑絶幽邃，峰回自一家。松梢殘雪響，嶺路亂雲遮。流水寒封葉，谿梅凍着花。飯餘樵牧斷，永日静無譁。

江　崧一首

江　崧　字鼎聞，乾隆時布衣。

詠　古

多情從古屬英雄，興盡悲來感慨中。猛士佳人難再得，大風歌罷又秋風。

江啟猷一首

江啟猷　字紹業，號小漁，乾隆間諸生。

夜　坐

松風去殘暑，林下恣幽情。月小星光大，雨過螢火明。深山無客到，曲徑有泉鳴。坐此不知夜，惟餘露氣生。

江翊五首

江翊 字素山，嘉慶間太學生，官鹽知事。

送芝泉之吴門 蘭言集選

蓼紅草白渺江濱，送子吴趨一愴神。庾信文章猶作客，孔融家世更依人。蕪城月落難爲别，茂苑花開不是春。酒罷怕教談往事，十年游跡半成塵。

結髮從戎太華天，畢公分陝敞賓筵。到門徐孺真高士，入幕周郎最少年。調馬畫趨芳草埭，鏤冰夜檢白雲篇。參軍席上生花筆，第一還推庾杲蓮。

千金結客快園開，破産當年只愛才。闢徑自螢元亮宅，渡江争訪孝侯臺。齊梁春色餘詩本，吴楚山光落酒杯。今日一寒何至此，綈袍誰見故人來？

鎮日題襟邗水頭，緑楊城郭又新秋。二分明月同今夕，一幟騷壇據上游。山寺花開僧結社，江天葉落客登樓。臨岐漫作飄零感，我亦滄波不繫舟。

河邊柳

河邊遥望緑烟收，葉葉長含一片愁。不是行人攀折苦，從來春恨在揚州。

汪居安一首

汪居安 字行可，號□□，嘉靖癸未進士，官工部郎中。方本庵遡訓：『行可有知人之鑑，諸生朱樸貧而被罪，居安見之，使誦試文，異之，妻以女甥。後樸舉孝廉，爲永淳令。盛汝謙爲諸生時，其父儀爲汪仆所侮，汝謙怒，見居安，居安謝之，而與聯婚姻，汝謙後官司徒。』

池上

園經一雨再雨，水接西村北村。牧子驅牛避道，僧雛讓鶴欗門。

汪一川一首

汪一川　字河衢，嘉靖間諸生。

題黄山清隱卷

黄山有高人，結屋黄山下。山下出清泉，此心渾欲化。一經永相傳，塵囂總能謝。曉起穿雲耕〔一〕，歸讀〔二〕書滿架。邈矣山谷癯〔三〕，遐蹤誰並駕？

校記：〔一〕「耕」，龍眠風雅作「巖」。〔二〕「讀」，龍眠風雅作「來」。〔三〕「癯」，龍眠風雅作「老」。

汪國士六首

汪國士　字君酬，號簡軒，崇禎辛未進士，官山東參議，有簡軒集。龍眠古文：「汪國士簡軒八九集自序：『予管津遼海運，新詩腐唱，夙簡猶存。因簡兩集付兒子刻之。予老矣，功名心淡，百念可休。願於梅園松社之間，以餘庚付西坪衲子也。』」郡志：「簡軒生有異質，父世澄嘗從學於羅近溪，蓋有源本云，著宓經講義。子遐齡、鶴齡等。」

處州

又復趨山路，嚴州到處州。問人行樹杪，逢女只科頭。縣小無城郭，村多有店樓。所嗟薪米貴，行李亦堪愁。

嚴、處屬邑，無城者什之八九。

出門

出門無可語，徒步且歸來。日暮西山色，悠然當酒杯。牛羊下巘頂，烽火起林隈。寂寞霜天意，孤飛一雁哀。

飲吴中丞園林　四首之一

鎮蜀嚴公去，征蠻馬援還。家園繫舊侶〔一〕，花竹是新删。匝徑添欄好，還〔二〕池養鶴閒。

更堆山一座，城裏日躋攀。

校記：〔一〕『侶』，龍眠風雅作『闢』。〔二〕『遷』，龍眠風雅作『迂』。

投子

投子東陂路，經行一惘然。翠屏飄敗葉，青鏡感流年。牧唱生芻〔一〕地，花開晚稻田。予心終不遠，無計住山邊。

校記：〔一〕『生芻』，龍眠風雅作『夕蒲』。

出檐

出檐步明月，月光清滿襟。初雁不成字，百蟲相與音。端憂弭晚節，長意軫中林。拚飯〔一〕那能醉，徒令白髮侵。

校記：〔一〕『飯』，龍眠風雅作『飲』。

借得

借得王猷種竹居，便同陶令愛吾廬。臨階日晒壺中藥，到户風掀几上書。能事心〔一〕成暑不出，前途〔二〕未識死何如。雲天晚暮牆陰坐〔三〕，只辦清尊賞甕蕖。

校記：〔一〕『能事心』，龍眠風雅作『固已能』。〔二〕『前途』，龍眠風雅作『但猶』。〔三〕『坐』，龍眠風雅作『落』。

汪天際三首

汪天際 字無際，號芝城，早卒，有也是軒稿。范世鑑汪無際詩序：『無際慷慨多氣誼，不能與常人合，礖砢不遇於時，無所肆其志，每用力於詩。其詩詠嘆諷刺，有古詩人之遺風。』

倩白頭

緑窗有女削鉛華，壓盡都城十萬花。阿翁阿母殷勤惜，金錢暗卜落誰家？阿翁躊躇三復四，魂夢驚飛眠不寐。阿母哄〔一〕笑阿翁癡，字時珍重隨兒意。靜鎖羅幃紅玉香，不逐秋韆架底狂。十三十四工針黹，十五梳頭便嫁郎。燭影紅搖絲竹翕，郎意綢繆妾顔澀。背人不語髻雲低，香痕印得梳〔二〕痕溼。到來日共伴鬟雙，貪畫長眉對綺窗。詎字緘〔三〕情郎不減，夜深幾度冷銀釭。詩書不事〔四〕加餐飯，含羞頻把郎君〔五〕勸。堂上姑章怒暗生〔六〕，呼童負笈驅兒遠。妾心如搗淚如河，執手殷勤別恨多〔七〕。光陰〔八〕年少從來損，莫擲青春等去梭。烏絲素綴裁三尺，郎誓山河妾指石。豈意郎恩葉薄如，尋春柳陌無朝夕。當壚女兒煞有情，半隱蝦鬚百媚生。村醪傾盡時調笑，問字呼名任〔九〕目成。相憐更甚〔十〕新婚妾，翠羽明珠盛〔十一〕滿篋。夜露蒼蒼怯見人，躡蹤忘却腰肢茶。只有孤燈誰作憐？穿帷〔十二〕明月不成眠。幾回欲訴還停口，猶恐姑嫜意不然。深閨顧影誰同玩〔十三〕，弱腕描成清照贊〔十四〕。紅顔命薄守〔十五〕獨儂，寄與多情一封翰。鄰家有叟早白頭，憐儂爲抱不平愁。馳書賣恨千餘里，薄倖知他何處棲〔十六〕？樓頭日飲酴醾酒，醉向烟花莫回首。可憐憔悴別經年，榮枯羞對門前柳。

校記：〔一〕「哄」，龍眠風雅作「嗔」。〔二〕「梳」，龍眠風雅作「珠」。〔三〕「緘」，龍眠風雅作「閒」。〔四〕「詩書不事」，龍眠風雅作「不事詩書」。〔五〕「郎君」，龍眠風雅作「阿郎」。〔六〕「怒暗生」，龍眠風雅作「暗生嗔」。〔七〕「執手」句，龍眠風雅作「執手送別立庭莎」。〔八〕「光陰」，龍眠風雅作「多情」。〔九〕「任」，龍眠風雅作「遂」。〔十〕「甚」，龍眠風雅作「勝」。〔十一〕「明珠盛」，龍眠風雅作「珠襦捧」。〔十二〕「穿帷」句，龍眠風雅作「捉月穿羅照我眠」。〔十三〕「深閨」，龍眠風雅作「容成」；「誰同」作「細評」。〔十四〕「弱腕」句，龍眠風雅作「弱腕寫照自題贊」。〔十五〕「守」，龍眠風雅作「寧」。〔十六〕「薄倖」句後，龍眠風雅作「君不見，架上花，開落紛紛幾樹斜； 又不見，門前柳，榮枯得得幾時久。試看妾身今若此，生女雖生不如死！」

悼天以

蕭瑟黃雲一片愁，孤懷落寞〔一〕與誰儔？ 思君不盡西風淚〔二〕，明月青山憶舊遊。

校記：〔一〕「寞」，龍眠風雅作「落」。〔二〕「淚」，龍眠風雅作「哭」。

和趙又漢雜詠

郭外烟光別有天，山花山鳥醉忘年。月明更向林間卧，竹吹松濤響似泉。

汪百谷一首

汪百谷 字克下，崇禎間處士。

秋日次〔一〕方素心

白雪才名爾大方，蓬蒿仲蔚意飛揚。論交豈獨盟車笠，作賦還應貫驌驦。蘿月一丘浮枕簟，松風千樹灑衣裳。茲宵一話成今古，明月相思託雁行。

校記：〔一〕『次』，龍眠風雅作『飲』。

汪鶴齡八首

汪鶴齡 字羽年，號會山，國士子，諸生，有會山詩集。

江　上

夜雪喜〔一〕朝霽，陽回客路多。沙晴落鴻雁，江暖曝黿鼉。臘已〔二〕山堂盡，人從汀岸過。歸帆及春草，生事在烟蘿。

校記：〔一〕『喜』，龍眠風雅作『每』。〔二〕『已』，龍眠風雅作『是』。

山亭懷鄧毓之

亭前一泓水，山上百尺松。睹此清蒼意，思君冰雪容。築室依北郭，扶杖望東峰。常懷苦吟侶，高卧幽潭龍。

夜渡潁上

舟子貪家路，連宵渡潁城。水流梁地盡，月近楚〔一〕鄉明。歸夜珠〔二〕來日，一帆兼數程。曉驚楓色改，紅葉照船行。

三、四確切不易。

校記：〔一〕『楚』，龍眠風雅作『故』。〔二〕『珠』，龍眠風雅作『殊』。

不寐

秋漏聽難盡，月窗開不扃。鄉愁千斛滿，客夢四更醒。盡室餔無火，羈人鬢已星。最憐雙白眼，覷著佛燈青。

懷古槐上人

桐陂秋水漲芙蓉，遥憶西堂鳴午鐘。來日尚分香積飯，經時不攝〔一〕虎溪筇。新詩明月吟多興，老笠晴雲到幾峰。爲愛故園風日好，黄花歸對話南宗。

校記：〔一〕『攝』，龍眠風雅作『共』。

柬徐錫予

先生風誼枕〔一〕林邱，客〔二〕子多慚汗漫遊。只擬楊公能〔三〕説項，漫教王粲又依劉。侯門已厭三千鋏，夜雨將寒七月裘。賴喜舊登徐孺榻，肯令旅滯〔四〕感悲秋。

校記：〔一〕『誼枕』，龍眠風雅作『烈在』。〔二〕『客』，龍眠風雅作『賤』。〔三〕『能』，龍眠風雅作『貪』。〔四〕『旅滯』，龍眠風雅作『滯客』。

首夏寓僧舍

已從客裏謝〔一〕芳華，首夏清和景却嘉。野麥黄先報秋色，院榴蚤可續春花。濃陰祇樹鸝偏囀，長晝僧牀雀更譁。忽聽江村農唱發，遊笻何事不還家？

校記：〔一〕『謝』，龍眠風雅作『卸』。

鄉　思〔一〕

栝蒼中夜惱風烟，一枕僧牀睡未便。路近有猿無雁地，人行〔二〕雨少瘴多天。

校記：〔一〕龍眠風雅詩題作『子夜鄉思』。〔二〕『行』，龍眠風雅作『眠』。

汪啟齡十一首

汪啟齡　字大年，號西巖，官海康縣佐，有田園集。潘蜀藻曰：『曹能始石倉十二代詩選，嘗采西巖詩入集中。』

閉門

終日無車馬，閉門深巷中。一庭初過雨，四壁亂鳴蟲。薄靄收殘霽，疏林送晚風。能無感蕭瑟，不見北來鴻。

封川感舊

萬里獨間關，扁舟往復還。亂流空咽石，斜日又銜山。鳥度重雲外，花開曲磴間。何時方税駕？作客老容顏。

贈齊伯庵郡丞

司馬擅才名，何年樂宦成？詩吟少陵〔一〕細，琴聽〔二〕伯牙清。叢竹應棲鳳，雙柑好聽鶯。舍旁新闢徑，求〔三〕仲肯相迎。

校記：〔一〕『少陵』，龍眠風雅作『工部』。〔二〕『聽』，龍眠風雅作『操』。〔三〕『求』，龍眠風雅作『衮』。

露坐

日落四山静，村墟各掩扉。鷗循沙際宿，螢照水邊飛。檐敞月先上，天空星乍稀。坐深清露重，羸況〔一〕欲加衣。

校記：〔一〕『羸況』，龍眠風雅作『體瘦』。

訪隱者不遇

柴扉常獨掩，石壁挂胡琴。白雪諳松性，青山稱鶴心。露濃濡〔一〕菊蕊，霜淡煊〔二〕楓林。自劚黄精去，雲深不可尋。

校記：〔一〕『濃濡』，龍眠風雅作『光滋』。〔二〕『淡煊』，龍眠風雅作『色染』。

過胥江懷韓年文〔一〕

胥江烟樹冷淒淒，愁鬢那堪聽鼓鼙？九月霜深橙〔二〕橘熟，千山日落鷓鴣啼。艣聲搖月過滇〔三〕峽，雁影連天下粤〔四〕溪。回憶故人攜手地，詩成浮白醉如泥。

校記：〔一〕『文』，龍眠風雅作『丈』。〔二〕『橙』，龍眠風雅作『盧』。〔三〕『滇』，龍眠風雅作『高』。〔四〕『粤』，龍眠風雅作『遠』。

峽山寺

梵王高閣倚雲開，四面峰巒倚〔一〕法臺。江月不隨流水去，天風直送海濤來。山僧入定玄猿嘯，佛殿敲鐘白鶴回。自覺塵心方外息，蒲庵老衲共追陪。

校記：〔一〕『倚』，龍眠風雅作『擁』。

丁未六十初度

道旁築室不妨癡，漸喜昇平與老期。甫里舟中吟魯望〔一〕，華峰雲〔二〕裏卧希夷。柴桑甲子無人識，澤畔庚寅只自知。從此餘齡皆我有，不教痛飲即删詩。

三、四以陸、陳自況，五、六則自處陶、屈，逸民情懷如見。

校記：〔一〕『甫里』句，龍眠風雅作『黄菊籬邊吟靖節』。〔二〕『華峰雲』，龍眠風雅作『白雲堆』。

聞韓子久除長興令却寄

嶺表分擕憶所歡，江天雲樹路漫漫。寄書皆付洪喬去，有夢知憐范叔寒。訪舊定應勞馬首，念貧或不吝猪肝。自聞茂宰除官後，時向妻兒説識韓。

訪友龍眠山不遇

花飛流水鳥啼林，有客招摇入〔一〕碧岑。石髮毿階青滿路，笋牙穿徑緑分陰。空齋晝永門〔二〕常掩，去徑雲深轍莫尋〔三〕。料得山中高士返，知余興盡亦行吟。

校記：〔一〕『入』，龍眠風雅作『以』。〔二〕『門』，龍眠風雅作『仍』。〔三〕『去徑』句，龍眠風雅作『去轍雲深難更尋』。

石埭遊拈花庵

郭西精舍少人知，門對青山花滿枝。犬吠籬根僧出定，客來剛是焙茶時。

汪遐齡三首

汪遐齡 字延年，諸生，有森磊居集。潘蜀藻云：『壽人爲簡軒兄子，其詩孤情絶照，亦有簡軒之風。』

雜詠

山城城邊鳥〔一〕暮還，攬衣起視開柴關。清商欲肅滿林葉〔二〕，落日一登隨宅山。苦竹離離競旖旎，甘瓜葉葉交綿蠻。此際夷猶了何意？蟋蟀鳴處西堂間。

校記：〔一〕『鳥』，龍眠風雅作『烏』。〔二〕『葉』，龍眠風雅作『候』。

燕去

畫梁終日任翩翻，哺子喃喃未歇喧。一去堂前初冷落，也如客散孟嘗門。

圩莊雜詩　十首之一

掠舟鳧陣霞天去，拍水鵝群暗浦旋。芡顆似珠莖似帶，菱膚如玉葉如錢。

汪崑十首

汪崑 字河發，屢試不遇，早卒。璈按：『河發詩格律深穩，詞采秀拔，而豪情逸趣時時振發。惜其芳年早凋，殞碎蕙質。詩多警句，五言如「山光憑檻出，野色入城多。」「亂鴉將葉散，叢篠助風諠。」「坐因貪石色，行只傍溪聲。」七言如「黄雲關塞悲遊子，白髮晨昏託故人。」「但遇恩時仇早伏，一經行處願全乖。」皆戛戛出新意，不拾牙慧也。』

詠史

褚淵但爲郎，當作一名士。謝朏不仕齊，始節後〔一〕何愧？爵高起市心，事久變初志。古今賣國臣，但知貪禄利。

褚、謝有知，當復羞面見鬼，豈猶云寒士不遜！

陳祖〔二〕僅三年，後宫無珠翠。瓦器與蚌盤，爲帝亦何利？若以陳公終，伊霍豈有愧？自取篡竊〔三〕名，但爲兄子地。

校記：〔一〕『後』，龍眠風雅作『復』。〔二〕『祖』，龍眠風雅作『武』。〔三〕『竊』，龍眠風雅作『國』。

將過石埭哭姚簡齋師先成此作

白露下庭隅，草冷寒江〔一〕咽。悲風千里來，吹落山樓月。山樓月下〔二〕起徘徊，楓林弄色高崔嵬。仰天一歌蒿里曲，茫然四顧心中哀。人生感恩重知己，不隨造物〔三〕同生死。仲翔老去見阿蒙〔四〕，夷吾終身思鮑子〔五〕。十年挾策走東西，識公憶在陵陽溪。濮水欣逢蕭穎士〔六〕，敬亭常對〔七〕謝玄暉。剪拂雖頻益困躓，始終顧視初無異。推解原無責報心，霑霑不似今人意。一官吏隱滯江湄〔八〕，多少人增召杜〔九〕思。豈謂楊雲終不調，信知李廣數多奇。賈生舍鵩驚奇異〔十〕，昨來忽報騎鯨逝。歸去曾無載石船，空留琴鶴依蕭寺。平生豪俠無餘錢，錦茵朱履客三千。早見魏其門下士，武安席上相〔十一〕周旋。黃金散盡曾何〔十二〕惜，受恩那見銜恩泣？停春罷社路人哀，故交絮酒誰曾滴〔十三〕？徒聞吊鶴來九皋，還看大鳥聲悲號。物情尚欲〔十四〕增悽惋，太息人情〔十五〕愧羽毛。重過舊地添於邑，琴榭花蹊想前蹟〔十六〕。猶是鳴絃舊日封，可堪但聽山陽笛。生芻徒步路漫漫，敗草荒榛細雨寒。招魂一慟江天晚，旅櫬淒涼不忍看。

宛轉關生，情文備至。風格在明初高、楊之間。佈局蟬聯，用韻轉換極有斟酌，擬之梅村亦爲具體。

校記：〔一〕「江」，龍眠風雅作「螿」。〔二〕「下」，龍眠風雅作「落」。〔三〕「物」，龍眠風雅作「化」。〔四〕「仲翔」句，龍眠風雅作「虞翻到老無一人」。〔五〕「思」，龍眠風雅作「只」。句後龍眠風雅有「世上悠悠漫相識，一餐刺蹙群鷄食。丈夫鐘鼎會有時，安能俯首伺顔色？」〔六〕「濮水」句，龍眠風雅作「説項遠過楊祭酒」。〔七〕「敬亭常對」，龍眠風雅作「吹噓不數」。〔八〕「江湄」，龍眠風雅作「天涯」。〔九〕「增召杜」，龍眠風雅作「懷杜母」。〔十〕「賈生」句，龍眠風雅作「月犯少微星隕地」。〔十一〕「相」，龍眠風雅作「争」。〔十二〕「曾何」，龍眠風雅作「不肯」。〔十三〕「故交」句後，龍眠風雅有「羅浮遠在數千里，江上狼烽今又起。賻喪已乏純仁舟，爲文并少安仁誄」。〔十四〕「尚欲」，龍眠風雅作「亦解」。〔十五〕「情」，龍眠風雅作「多」。句下有「去年曾約載書遊，五湖烟靄畫船收。嗟予一病山中久，蘆荻蕭蕭江上秋」。〔十六〕「榭」，龍眠風雅作「署」；「前蹟」作「所歷」。

北郭同芸圃雲瞻伯顧

亦知花事盡，出郭偶閒行。溪樹得幽賞，雲嵐無異〔一〕情。鳥隨崖果落，風曳鈎絲横。蕭瑟〔二〕登臨興，秋峰處處晴。

六語與「蜻蜓立釣絲」句同其工緻。

校記：〔一〕「異」，龍眠風雅作「世」。〔二〕「蕭瑟」，龍眠風雅作「莫負」。

同有懷玟士登南浮山

雲樹蒼茫外，群峰一望收。遠帆隨去雁，春水到閒鷗。石瘦寒梅古，江空落日浮。回思勝遊地，惆悵此林丘。

喜晴

久雨愛晴色，柴門物候殊。雲開山盡出，草合徑全無。路坐蛙驕客，檐棲雀哺雛。前村隔谿水，竹杖未堪扶。

浮山

著意躋攀轉不窮，翠屏丹障俯晴空。路盤木杪千層上，人在鶯聲百囀中。巖谷盡能容棟宇，烟霞多不出房櫳。苔痕石色[一]斜陽冷，一局殘棋憶遠公。

四語於春暮遊浮山，始知寫景之確。

校記：〔一〕『色』，龍眠風雅作『塔』。

言懷

無營自覺此心寬，世事惟將白眼看。猿臂將軍從〔一〕善射，兔園名士詡〔二〕登壇。間憑蠟屐雲千嶂，醉任漁舟月一竿。姓字莫嫌終冷落，富平奴子〔三〕盡衣冠。

校記：〔一〕『從』，龍眠風雅作『空』。〔二〕『詡』，龍眠風雅作『自』。〔三〕『子』，龍眠風雅作『隶』。

山居遣病

烟水情深世味疏，長鑱高屐短轅車。王猷借宅還栽竹，李謐傾貲但擁書。賚僕每分賒到酒，飼貍常減釣來魚。時危却遂嵇康懶，箕踞科頭髮不梳。

擁書萬卷，何意南面百城。三、四極見氣槩。

送錢雁湖夫子偕劉深莊赴江右董中丞幕

庾公屢檄下江州，此去知非汗漫遊。千里舟航〔一〕同李郭，一時聲價重錢劉。人依緑水芙蓉幕，夢冷空山桂樹秋。聞道戍烽猶未息，登臨莫上物華樓。

三、四運用極爲雅切。

校記：〔一〕『航』，龍眠風雅作『船』。

夏夜即事

竹塢烟深一鳥鳴，雲屏石磴寄幽情。空庭入夏穠陰合，無地堪容夜月明。

汪必達一首

汪必達 字以瀾，崇禎間諸生，有高柯集。

送春

三春烟雨正霏霏，畫閣重陰酒力微。午夢忽隨蝴蝶散，客心偏逐杜鵑飛。青衫志笑〔一〕題橋日，白髮容〔二〕驚過隙時。漫〔三〕道垂楊千萬縷，留春不住送春歸。

校記：〔一〕「志笑」，龍眠風雅作「客矢」。〔二〕「容」，龍眠風雅作「人」。〔三〕「漫」，龍眠風雅作「謾」。

汪勁一首

汪勁 字畏公，號拙庵。諸生。

送吴修和歸歷陽

西風忽動故鄉情，衰柳堤邊送客行。到處青〔一〕山看不盡，今宵凉月望中明。楚王亭畔波光〔二〕冷，亞父城頭雁語清。君抱離愁予抱病，終朝遥對碧雲横。

校記：〔一〕「青」，龍眠風雅作「秋」。〔二〕「光」，龍眠風雅作「聲」。

汪之順三首

汪之順 字禹行，號梅湖，明末諸生，有梅湖詩鈔。姚惜抱集梅湖詩序：『先生入國朝自匿影以老，爲人多技能，尤長於詩，清韻悠邈，如輕霞薄雲依空映日，不必廣博，而塵埃濁翳無纖毫可入也。』陳世鎔皖江三家詩鈔：『平子先生抗志肥遯，築宅梅湖，以吟詠自適，其品既高，其詩冲澹容與，有淵明之風。』璥按：先生居梅湖，爲懷甯之西北鄉，與桐之練潭接壤。鋭齋儀部，其族子也。先生詩，萼穀先生極爲心賞。道光甲午陳雪爐孝廉合先生與余伯扶、江七峰詩重加選訂，刊爲皖江三家詩鈔，故兹集所録從略。

泊青山舟中對月

青山安夜泊，市小估船稀。孤月照遊子，西風吹布衣。村移歸路火，廟掩對江扉。清絶不能寐，松聲起翠微。

飲隣家

春飲隣翁〔一〕早見招，不煩争席坐逍遥。高粱魚子滑流筋，臘酒鵝兒黄滿瓢。真率盡人忘主客，談諧終日是漁樵。歸來膽勇殊堪羨，健〔二〕步徐過窄板橋。

校記：〔一〕『翁』，龍眠風雅作『家』。〔二〕『健』，龍眠風雅作『安』。

郡　村

殘年逝水已滔滔，郡邸羈棲倍欝陶。小閣寒生天硅雨，孤城夜打海門潮。誰從酒肆聽燕筑，且就書燈讀楚騷。却憶東關舊池館，不堪瓦礫長蓬蒿。

汪自璵五首

汪自璵　字魯士，號崖夫，康熙間廩生，有得草軒詩稿。雷汝秩序曰：『先生善飲兼善歌，每酒數行，輒拍板一曲，一座傾倒，胸期浩落。家藏詩卷甚富，嘗有集古詩一帙，組織工巧，已鐫板行。茲仍出其已作，刊之爲近稿云。』

芭蕉

茂葉桃新緑，蕭騷半捲舒。陰消松閣暑，色映竹窗書。戰雨琴聲碎，翻風扇影疏。能供懷素墨，揮灑自清虛。

雲霽

雪花堆院落，檐溜響蕭蕭。宿霧收横嶺，長河没斷橋。梅僵猶抱蕊，江凍不成潮。最喜沿牆竹，纔伸久折腰。

五言摘句：『天低雲飲澗，雨過霧成村。』『野田間浴鷺，沙渚暖藏鴛。』

高邑侯書院落成

嶙峋芝閣接遥岑，多士争趨翰墨林。芳草春風饘入座，孤城山月鶴依琴。潔清淮水千秋志，歌詠錢塘一片心。百里何堪舒驥足，行看丹詔渥恩深。

高侯，浙杭人，故六語云然。書院名培文，在東郭外。

九日送張雪從歸彭蠡

天空葉下古谿頭，彭蠡人歸早放舟。連海波光千派碧，渡江峰影萬重幽。霜寒菜菊陶潛里，樹老雲烟庾亮樓。落帽不須羞短髪，鱸魚風起故園秋。

七言摘句：回園：『人字幾行鴻北向，樵歌一曲鶴南飛。』秋江：『積霧丹楓疑作雨，疏林黄葉便成秋。』浮山：『烟光漫壑鳥如醉，雲氣滿崖人欲仙。』又『鳥不知名呼有意，花如解語笑含香。』野望：『花留好鳥枝頭唤，雲帶奇峰水面來。』

春柳步韻 三十首之一

杜宇飛鳴烟外村，遥憐消渴馬文園。路塵掃盡清陰滿，密鎖絲條任掩門。

汪才宣一首

汪才宣 字玉傳，號松庵，雍、乾間太學生。

青山石屋寺

石屋高千丈，雲溪古寺前。山光平地起，水色半空懸。覓盡蒼苔路，來尋小洞天。文端題筆處，遺蹟冷風烟。

汪　釧一首

汪　釧 字佩恬，號約園。

雨

碧梧秋悄悄，黄葉雨淒淒。薄靄依山重，隣烟過屋低。

汪志夔五首

汪志夔 字問松，乾隆甲午舉人，官崇陽知縣。

次友人淮上得弟書原韻

客況天涯夢，驚心别淚含。三秋留薊北，一雁渡淮南。生計余多拙，風塵爾未諳。故園叢菊放，兄弟幾人探？

對　月

千里關山一樣圓，露華桂萼相新鮮。一生心事槎横斗，半夜書聲月在天。難對嫦娥愁縷縷，强將酩酊度年年。壯圖莫漫磋潘鬢，前路還憑祖逖鞭。

題梁鶴峰小照

歸來鎮日便忘機，琴對無絃掩閣扉。偶却绳牀憑石几，閒觀松頂鶴高飛。

送稼門六弟之官山右

山樞廣儉寬民力，河水盟廉淡宦情。唐魏思深風最古，好憑儒術厲勤清。

孫碧山松菊圖

笠得蒼筤李主卜，便尋栗里餐秋菊。石欄茶罷握南華，坐聽松風吟謖謖。

汪志伊十一首

汪志伊 字莘農，號稼門，乾隆辛卯舉人，官至左都御史、閩浙總督，有近腐齋集。省志：『志伊持躬清儉，政餘好講學，不立道學名，惟以返躬實踐爲宗。自邑令，官方伯，所至擊豪猾，剔吏奸，爲民去害，風裁甚峻。督湖廣時，築堤捍漢江，理淤田數萬頃。擒治會匪、洋盜，水陸肅然。所著荒政輯要、儀禮、韻言等書。』汪稼門別傳：『公童時學輟業，從事耕稼，而力不勝耒耜，乃隨其叔兄公車至京師若都養然，因復事舉業，隨雋京兆試。初仕山右，嘗有訟理直而仍餽之金，公受之，及讞明直其事，對衆還其金。有檢驗經數令而未能白其獄者，其人赴訴云，必得汪公始得實。監司乃以命公，以其骨貯之柙，眠食不離於側，復檢獄果白。令榆次時，副使隆起過其境，駐行館，從者鞭民夫，公盛氣與之争，副使聞之，召見與之語，異之。及後官巡撫，乃力荐公，不數年，躋藩臬矣。其撫蘇也，蘇人尚文華，公獨明程朱之學，勵士以躬行實踐。其督楚南北也，力勦江湖巨刼盜不遺種。其督浙閩也，遇巡閱所校兵弁技藝，識之以密摺，左右弗能窺，有遷轉如所識用之，咸服其公。凡爲星使及官制撫所過之處，只需白菜、豆腐、猪肉共數斤，有餽筵席者，皆親察視，或受其一二餚蔬，必視其餽者去，不令左右與接。時州邑視大吏過境費若降等客耳。公嘗由制撫假歸，鄉鄰故舊來候者，使子若姪侍趨走奉饌具，僕從咸閉之一室，不合供役。一日騎驢至巡檢廳事，閽者詰之，曰：「吾汪某也。」巡檢驚出迓之，公温語，移時而去。生平一舊僕，椎魯不知書，嘗令在側。其生平韋布蔬食，淡泊自甘。當和相煊赫時，公與大興朱文正公皆清操特立，絶無因附，尤爲世所高焉。』

觀架上行述

古人質勝文，今人文勝質。中年哀樂多，公餘披行述。縱横盈我架，應〔一〕有行超軼。再四展卷觀，猶是尋常述。秉性惟孝友，聲名若洋溢。開章第一義，憑空爲撰述。理學宗程朱，治績龔黄匹。獵名世匪難〔二〕，作僞悍然述。奴僕寬且嚴，鄉黨賙以恤。約略其生平，述所不必述。更有可嗤〔三〕者，雷同重重出。張冠借李戴，本來無可述。可憐愚孝子，啾啾還唧唧。作者腸已枯，請益代子述。九原倘有知，當亦爽然失。求榮未必榮，不如其無述。嗟嗟千古心，遥遥存卷帙。信如世所爲，來者將何述。不見邃古初，循蜚暨疏仡。渾渾復噩噩，功德無能述。南陔與白華，無辭入聲律。千秋孝子心，不述猶勝述。伊周炳治功，孔孟闡儒術。大道垂六經，述之不勝述〔四〕。偉哉文天祥，慷慨吾事畢。臨刑極從容，正氣歌足述。乞養終餘年，西晋一李密。孤苦影吊形，陳情表堪述。老翁送百錢，太守取其一。口碑傳會稽，劉寵廉可述。談笑却秦軍，功成不受秩。邈矣魯仲連，高節卓可述。我觀古先民，事事皆以實。略舉以發凡，不復爲殫述。寄言世間人，當念君子疾。没世名不稱，誰向生前述？勿使執筆者，搨搘頻擱筆。黽勉一二事，留與後人述。

錢辛楣評：『行述之弊至今濫極矣。孝友睦婣千篇一致，間有一二單行，又多避忌，不盡其辭，作者既指其弊，又勖人黽勉。一二事留與後人稱述，扶掖名教之心，可以廉頑立懦。』

校記：〔一〕『應』，稼門集作『料』。〔二〕『匪難』，稼門集作『難欺』。〔三〕『嗤』，稼門集作『笑』。〔四〕『述之』句後，稼門集有『元氣自渾淪，希聲謝琴瑟。滄海發支流，各以一端述』。

題闕文山我我圖

繪山繪水不能卜我鄰，繪花繪鳥不能怡我神。繪人面目不能與我親，曷若我我周旋繪我身。更繪鏡中之我鑒我真，一身之外皆浮雲，一鏡之中絶纖塵。我我顧盼情意真〔一〕，我我對照正氣存。我心如鏡不稍昏，我身在鏡不使分。我有善兮我必因，我有過兮我自新。我自與我非效顰，天君泰然容申申。誰爲主兮誰爲賓？還以質之鏡中人。

以文爲詩，莊、列之筆，嵇、阮之情。

校記：〔一〕『意真』，稼門集作『誼敦』。

貢瓜恭紀

嘉種來西域，滋培禹甸多。綿綿沾帝澤，唪唪飲天和。采入邠風譜，分成月令歌。向榮心抱赤，不用吏催科。

織女星精煜，祥開郝圃三。村連風入爽，畦隔雨飛甘。嫩緑天葩燦，中黄地德參。戊辰期告及，擊壤拜花龕。原注：西瓜始於西域，今榆次城南有東西中三郝村出瓜，極甘脆。名聞遠近。廟祀織女瓠瓜星，以六月賽會祈實種瓜，以穀雨後戊辰日謂之安瓜。

鶻代攜鋤緩，烏來抱甕忙。花争冰谷艷，味奪蜜筩香。猶恐獾貍伺，甯辭晝夜防。離離疆埸美，未敢偶先嘗。瓜至七月熟，撫軍遣官至。春瓜因先取樣瓜數枚呈院，及期乃至瓜所，取瓜采貢後，然後乃聽市賣。

七夕浮香遠，同官選顆圓。標奇鈐玉筋，計直擲金錢。筐篚連鑣運，絺巾待漏傳。艱難皆睿鑑，錫貢豈徒然。上貢者，每歲六百四十或八百駝載至京師。

老樹後吟

玉門關外冷，一旦度春光。元氣煦柯葉，天心屬棟梁。槃根堅作石，勁節飽經霜。鸞鳳棲元穩，蚍蜉撼不妨。清風凌絶域，旭日起扶桑。大化昭連理，宏庥遍衆芳。爲民謀廣厦，求舊念甘棠。雨露新恩渥，葱蘢晚節香。功能培荏苒〔一〕，道在燮陰陽。影散春山緑，陰濃夏日涼。須知木德盛，匪樂歲寒彰。老樹真天柱，長吟興欲狂。

詠乾、嘉間諸耆德，亦以自況。

校記：〔一〕『苒』，稼門集作『染』。

暮春登金城關樓

危關壁立鎖金城，放眼高樓雨乍晴。紫塞三春千嶺暗〔一〕，黄河萬里一橋横。可憐瘠土多〔二〕勤苦，幸荷稠恩念庶氓〔三〕。責在旬宣何自〔四〕謝，遥天莫起故園情。

校記：〔一〕『暗』，稼門集作『禿』。〔二〕『多』，稼門集作『民』。〔三〕『念庶氓』，稼門集作『主聖明』。〔四〕『自』，稼門集作『可』。

夏夜納涼

風來聲在樹，月上影穿花。鈴閣清如許，依稀處士家。

由靈石調任榆次口號

春來片檄量移官，彈指三年恥素餐。一擔琴書一囊帖，去時猶較到時難。

公之儉素始終不渝，此固實録也。

與胡元圃李點亭赴金陵舟次新河元圃忽吟明道先生句感而戲題　四首之一

此問樂意向誰宣？將謂偷閒學少年。活潑天機隨處有，花含宿雨柳含烟。

汪鐘四首

汪　鐘　字賓書，號吾山，乾隆己亥舉人，官靖安知縣，有曉虹軒詩鈔。王悔生曰：『吾山詩才清勁，兼有唐宋諸家之勝，五言如：「小苑垂丹柿，澄江净緑榕。」「微風吹好夢，落月失伊人。」「露垂冰簟冷，雲擁玉輪飛。」七言如：「孺子難忘初下榻，中郎多識未焦琴。」「塞外風霜經鐵勒，關前部落走燒當。」最多奇警。』

獨遊

山月照我行，溪風吹我衣。我行忽已遠，風月自相依。信步隨所適，晚山橫翠微。白雲到空散，黃葉迎人飛。好景悵獨遊，同心與我違。道路修且阻，搔首空歔欷。

山行

人生不自惜，六鑿甘相攘。繁華致豈難，安得久歡賞？山居亦何有，襟情殊豁爽。秋至多涼風，林木自成響。清溪源盡處，閒雲獨騰上。樹杪雞犬鳴，隴畔桑麻長。老翁見行客，粲然問何往？微覷所談笑，只知歲豐穰。孰能長此居，一洗風塵想。

光聿元曰：『攀陶揖儲。』

白門别吴九張甫

釀熟蘭陵甕，常攜語六朝。花飛白門柳，誰與綰長條？曲樹籠珠箔，輕舠蕩畫橈。何人吹短笛，隔岸雨瀟瀟。

光聿元曰：『前半首四句作對，妙在無迹。』

呈張谷齋先生

斗室雙扉近市開，新移巖桂手重栽。渾忘諸相我人壽，能棄一官歸去來。燈下課孫猶握槧，花間招客慣銜杯。風流前輩真難似，杖屨追從愧不材。

汪　堂二首

汪　堂　字遇皋，號鶴門，乾隆間諸生，官信豐尉，有鶴門詩鈔。

奉陪方遜庵太守登雷首山

使君五馬許追陪，雷首晴雲萬里開。河曲魚龍乘水上，關門榆柳抱城來。深林草軟行猶懶，側徑峰危勢欲隤。坐久忽看詩興發，錦箋十幅好同裁。

春閨

犀箔銀鈎鎖寂寥，春寒脉脉捲鮫綃。纔當舞燕啼鶯候，又是飛花落絮朝。爲遣悶愁晨鬥草，不勝清怨夜吹蕭。竇家舊有回文錦，多少心情向此消。

汪道直一首

汪道直 字持義。諸生。

客歸喜晤吴子

前日别我行，夭桃滿芳甸。今日桃又花，與君復相見。

汪　魁三首

汪　魁　字策三，嘉慶癸酉舉人。

寄家書

幾行書字報平安，才欲加封意未完。終鮮弟兄憐我苦，每因兒女憶鄉難。持門薪米同珠桂，入世交情異燠寒。夢裏歸來頻絮語，好將菽水代承歡。

歸雁

旅翰何事出蘆葭，夢裏鄉關别路賒。堪笑勞人等鴻雁，半年作客半歸家。

螢

流螢入夜影分明，幸聚紗囊可助吟。莫説靈光無徑寸，照人一點事丹心。

别有寄諷。

汪正榮十首

汪正榮 字友吾，號奐之，嘉慶間諸生，有住真草堂詩鈔。陳用光序詩況曰：『奐之舉其生平所嘗侍謁往還前後輩之詩，而仿司空氏詩品之體，各系以十六字，都七十三人，而以己附於其後，曰：「詩況其意，存乎論世知人，非務標榜也。」奐之自況其詩曰：「峭石兩三，新篁八九，遠渚鳴榔，夕陽高柳。」余更爲廣之云：「春波緑平，春叢紅笑。新月銜山，寫此娟妙。清散罷彈，紫芳終覿。望極町畦，依然崖壁。」可想其詩境矣。』

題叔瞻姪愛廬圖

吾身寄天地，天地即吾廬。真趣獨能領，遥情適所如。山川洛嘯傲，風月任容與。來去滯無迹，閒雲時卷舒。

寄君遠兼索近作

幾度烹魚無尺素，思君邇日夢偏長。歌當有意聽逾切，書到無寥讀易忘。久病身憐詩共瘦，尋花人與蝶同忙。寄言雲卧虞山客，莫秘新詞溢錦囊。

懷邵君遠淵耀

南沙有曠士，年少心渾渾。讀書不求解，味得羲皇淳。娟娟谿中月，澹澹山上雲。天機契其深，妙語恒超群。著書不問世，落穆傳風神。時復中清聖，花鳥相與親。嗟彼名利徒，世上空紛紛。

自杭州渡江之嚴州舟行雜詠

憶余方總角，乘舟緣滄湄。愛兹山水好，莫解風前思。今夏過富陽，淫雨何淋漓。墨霧浸溼帆，濁水連荒陂。遂令遠行客，枯坐心不怡。彈指歲云暮，復作川上嬉。天風漾行雲，碧岑眠清漪。掉頭一回顧，面面呈幽奇。光景愜心目，坐久渾忘疲。後緣未可卜，爲樂當及時。

題姪念常龍山煮瀑圖

龍眠多勝境，吾盧龍山東。平湖漲新水，修竹摇春風。入夏草木蕃，清陰落簾櫳。持螯對秋菊，把酒看霜楓。三冬復何有，梅花如雲濃。更愛值初霽，當窗列群峰。群峰各懸泉，一一垂飛虹。遠汲入野徑，挈瓶招村童。歸來聽湯候，佳茗探蒻籠。至味非言傳，清氣明雙曈。一甌問誰與，趣洽百慮空。惜别今幾年，清景留心胸。快哉作卧遊，吾意將無同。

磁州道中

垂柳依依露光湑，曉行古道無繁暑。縈回碧水淡生烟，宛轉新禽枝上語。菱花才放藕花香，幾處青簾映野塘。分明絶好江南路，殘月輕風斷客腸。

題均之兄所藏蘇文忠定慧院寓居月夜偶出二詩草稿墨跡後用即原韻

二首之一

從來寶物遇知己，往往奇光燭昏夜。王君攜此漢水濱，稿爲王石臺刺史家藏物。我兄獲之鄂城下。句中躍躍神猶傳，字裏濛濛墨疑瀉。曠懷一代邁等倫，勁筆平原論高亞。客裏愁惟濁酒澆，興來紙欲青天借。寥寥半幅尚分明，忽忽流年幾代謝。塗乙當時多苦思，嘯軒何處尋遺舍。無窮悵仰爲臨風，豈第初看如食蔗。古調重彈意自長，陽春欲和心先怕。耽詩兄弟有同癖，慎勿書牆遠嗔駡。

晚餘

晚餘薄醉新蒭酒，閒依闌干暑漸清。楊柳低垂微浪動，板橋斜襯遠山橫。天因月近翻無色，雲趁風行似有聲。入夜秋蟲吟唧唧，此時應少不平鳴。

舟次京口爲糧船所阻孫蘭居邀同楊子堅劉桐村讌集玉山江樓子堅和秋舫韻見贈因疊前韻酬之並似蘭居桐村

無端聚首一樓中，此會當年夢早通。舉盞共傾揚子水，停橈不爲石尤風。地當淮海真成壯，腹有經綸未算窮。取次天涯長惜別，人生蹤跡大都同。

平陸道中

茅津渡口憶秦書，一葦杭來古晉墟。見説流波回砥柱，漫憐騏驥困鹽車。探巖跨壑巔軨遠，煮海沉沙大澤虛。嶺上望鹽池，周百餘里。琴劍飄零悲作客，何當烟樹寫秋初。

汪鎮光十四首

汪鎮光 字星石，志伊孫，嘉慶間諸生，有壬子集。

擬古

教人貴因材，如何可執一？譬彼醫家流，用藥必視疾。使謂參苓補，百病皆一律。治虛固可瘳，治實毋乃失。可嘆有宋後，顛倒示褒黜。棄狂而取狷，謂入聖人室。狷者固可嘉，狂者豈容嫉？老驥志千里，羈足恐其軼。鴻鵠摩天飛，剪翅防其逸。使遇曾晳輩，亦必加桎梏。先師若有知，對之應欝欝。

詩弊 喜冗長 十六首之一

齊御長八尺，不及晏子賢。戈矛長丈八，不及干將堅。而况做詩法，首貴在自然。興來即擿詞，興盡即終篇。胡爲不得休，無意空遷延。買菜益何取，畫蛇添可憐。但知矜富有，罔計無關鍵。遂使警策語，具蒙散漫愆。結構苟精嚴，雖短何損焉。

十六首所詠，則分門户，别唐宋，填故實，習俚俗，押險韻，集成句，黜穠艷，立條教，狥聲病，貌高古，僞窮愁，務關繫，多忌諱，襲句調，好疊韻。此篇其一也，語多透快，足爲詩家針砭，兹以不能全録爲憾。

羅两峰墨幻圖

羅子示我墨幻圖，陰風慘淡天模糊。群鬼窣窣各爭戰，九十鬼乃分两途。數鬼吹觱篥，數鬼荷桃殳。數鬼山拗坐，數鬼崖側趨。一鬼聳肩臂，一鬼肉薄遥闚覦。一鬼擊金鉦，回視衆鬼神踟蹰。鬼雄鬼雌領鬼子，鬼翁鬼主率鬼奴。魑魑咄咄持械鬥，高高下下皆鬼徒。强悍頗類酒場士，瘠羸又若翳桑夫。猙獰奮擊不相下，鬼髪倒豎鬼骨枯。長梃競進力注刄，黑氣蔽野聲喧呼。斯時見梃不見鬼，一鬼洞胸碧血濡。此鬼既敗彼鬼救，創深伏地猶枝梧。吾聞鬼好勝，此言良不誣。舞陽暗助史萬歲，惟清日暮遇平盧。緑林將軍夜會戰，幽王談笑群揶揄。鬼或時與人爲難，未聞鬼類相齟齬。争名争利人世有，身登鬼録徒虚無。鬼錢無用鬼官賤，嗟爾攘奪何其愚。鬼聞我言長歎息，鬼昔爲君嘗嘖嘖，君來爲鬼應相識。

奇咄逼人。長吉鬼才，若寫鬼之情狀，恐不能到。

江行雜詠

早起推窗望，山容帶日舒。漸聞故鄉語，如讀舊時書。半月棲江舫，三年返故廬。殷勤爲檢點，琴劍付安車。

寄暢園有懷小峴侍郎

一甌初潑碧，佳境忽相逢。秋氣淡如水，名園聞曉鐘。花稀常誤蝶，柯密半遮峰。無恡長安客，歸來興正濃。

謁徐中山王像十六韻

拓地幾千里，開天第一功。從龍占日角，逐鹿起江東。結陣驚蛇鳥，追奔慄虎熊。望塵千里外，奪幟萬人中。戰骨含冤少，慈衷絶塞通。烽明飛島檄，月落挂雕弓。鐵甲寒粘雪，朱旗曉颭風。貪狼身就縛，鼯鼠技皆窮。衮冕遺容貌，風雲感故宫。銷沉王氣久，縈繞楚江空。德業傳今古，勳名貫始終。珠襦埋蘚土，寶劍化潭虹。子姓晨星散，樓臺細雨濛。年年芳草緑，處處夕陽紅。異地遨遊客，前朝命世雄。一樽陳濁醁，異代拜元戎。

連城即事

扁舟容與訪幽居，丘壑真同謝幼輿。好趁南風吹两槳，不須錦水覔雙魚。菱花未滿鋪明鏡，榴火將殘映綺疏。最愛閒亭來促席，一樽清茗萬行書。

春　鶯

江城二月草萋萋，堤上楊枝一剪齊。晴霧半山村渡曉，緑烟如水板橋低。夢回嚦嚦聲初轉，林密翩翩影自迷。幾許閨人晨卧穩，蘭窗無事盡情啼。

聽顧劍峰話家事漫賦

竹館殘燈客裏身，半生潦倒話艱辛。從來磊落懷才者，便是飄零失意人。聽到關心忘爾我，談餘往事感風雲。窗前涼月移林影，已有鄰雞報曉晨。

三、四可繪作湖名散全圖。

余以紀事圖屬越南使臣武學士楨阮兵部廷隲阮工部文盛題詠武學士復贈余詩依韻和之

雞林盛蹟古今傳，題我新圖贈我篇。萬里朝天趨鳳闕，千年開國始龍川。寒林簡峭陳無已，暮雨蒼涼孟浩然。伸紙欲書頻袖手，愧無佳句報瓊編。

子夜秋歌

牛女傷離別，歡儂長相逢。寄言與織女，巧應乞向儂。

西湖雜詠

天光雲影淡含輝，獵獵荷風透袷衣。四面秋山環緑水，夕陽西下鷺鶯歸。

遊莫愁湖

嚶嚶湖畔鳥聲嬌，似爲遊人話六朝。留得盧家真面目，芙蓉如面柳如腰。

秦淮竹枝詞

衣衫鬢影自徘徊，彷彿行前却又回。十幅湘簾都放下，教人簾外費疑猜。

卷十六

王樾　胡淳
蘇求莊　同校

阮鶚一首

阮鶚　字應薦，號𠃉峰，嘉靖甲辰進士，官至副都御史、福建、浙江巡撫。方明善邇訓：『阮晉卿宋季舉解元，宋亡不仕。將卒，戒子孫不得讀書爲將吏，故終元代，阮氏無爲諸生者。』明史胡宗憲傳：『嘉靖三十三年，宗憲以兵侍郎督浙，倭掠上海、慈谿，攻乍浦，宗憲壁塘棲，與巡撫阮鶚相犄角。鶚遣將擊徐海於崇德三里橋，三戰皆捷。三十六年，鶚改撫福建。鶚初官浙江提學副使，時適倭薄杭州，鄉民避難入城者，有司拒不許入，鶚手劍開門納之，全活甚衆。後代宗憲撫浙，移福建，以御史宋儀望劾逮下刑部，黜爲民。』四庫全書存目：『公著有禮要樂則二卷。』天乙閣書目：『楓山章文懿公年譜二卷，桐城阮鶚撰。平江趙時春、凌江譚大初序後。』郡志：『公撫浙平巨寇，三奉勑獎，浙人爲立廟崇祀。』李樂見聞雜記：『嘉靖甲寅阮𠃉峰歲試湖學，先生閱余文，批「清而未裕」，余因思如何是裕，寢食不忘，至次年遂叨中試後謁阮，有教官七人亦候阮，會驟雨不能出，阮命役持所蓋傘送之出。因顧予曰，「教職微官，即有傘安得進臬司門？ 諸君他日居官亦當體惜屬官如此。」先生生平多厚道。後與祀名宦鄉賢。 子自華，孫以鼎，三世科第，爲桐城望族。 蓋有所自矣。』璈按： 公集無傳，木崖先生時已無從搜采。 今於釣台集中得詩一首，亟登之。

嚴陵瀨 釣台集選

江舟下初月，遠照子陵臺。 臺下春水生，臺上春風來。 醉乘東海鶴，直向北山隈。 美人乍相見，懷抱鬱始開。 風波一轉眼，驚我春夢回。 耿耿不能寐，披衣望三臺。

阮自華三十六首

阮自華 字堅之，號澹宇，萬曆戊戌進士，官慶陽知府，有霧靈集。 明詩綜系傳：『由進士除福州推官，歷户部郎中，出知慶陽府，再補邵武，罷歸卒。』靜志居詩話：『堅之跌宕縱飲，爲理官入謁巡按，方下拜，酒污御史衫袖，遂挂彈章。 晚守邵武，不視，吏事惟與賓客分簡賦詩，遨遊山水而已。 嘗大會詞客於淩霄臺，推屠長卿爲祭酒，絲管交作，列炬熏人，復爲巡按所糾，庶幾狂簡之士乎！ 詩不求工而獨抒襟抱，君子誦詩論世，寧舍永懷堂而取霧靈集也。』潘蜀藻曰：『公父中丞鶚，以征倭罣吏，議下獄，公伏闕籲冤，卒得白。守慶陽，搆堂祀李崆峒，作懷賢堂賦以寓意。公學殖該洽，爲詩文振奇則古，力去陳言。嘗謂其從孫曰：「詩是吾家事，宜單出獨樹杼軸，予懷亦可知。」其厚自期許矣。』楊古度曰：『先生司理福州，取林茂之冠童子獎許之，卒稱詩人。嘗大宴名士於烏石山亭，屠赤水戲爲漁陽三弄。先生與曹能始賦詩紀其事。』白瑕仲曰：『萬曆己未，堅之先生出守北地，過桐謂余曰：「邑居繡錯，門脣矩尾皆火象，不十年桐必燼。」至甲戌之變，焚如突如，果符其言。』何存齋曰：『邑中先哲論詩者，多如霧靈集、霞起樓集、寒知閣集、青莎館集、種槐軒集、江蘺草集、秋水齋集、詠懷堂集、鷦鴣庵集、簡軒人九集、方素亭集、吴兵部集、劉廷評集、方南淙集、馬秫莊集、方龕山集，皆擅四唐之勝，各極一時之長。』

擬古詩 十二首之二

置酒行高會，玉帛紛中堂。毛褐見肘骭，豈敢過金張？良友幸不遺，酌酒薦芬〔一〕芳。玉壺〔二〕剩金罍，黄流在中央。祭酒先屬客，筐篚承笙簧。盛禮會風雲，布衣非所當。雖無升斗活，驢譋極難忘。

高樓擬青天，天高正蒼茫。飛甍接遊極，重欒紛綺窗。春光繞榮廡，秋氣積中唐。佳人獨遺世，縈絃注阿房。乘高送逸響，幽聲咽虹梁。纖指激柔絲，窈窕生冰霜。征雲凝不逝，皎月淹無光。豈惟〔三〕懷知音，聊以不永傷。

邵武諸古體詩生氣坌涌，揮斥自如，深得汉魏人遺意，較之茶陵、歷下諸公之倣古，殆爲過之。

校記：〔一〕「芬」，龍眠風雅作「群」。〔二〕「壺」，龍眠風雅作「瓚」。〔三〕「惟」，龍眠風雅作「爲」。

南箕北有斗

客從長安來，故人〔一〕獨無書。封題數行去，冉冉知何時？客來見故人〔二〕，故人甯見思。客言亦相念，客言亦相思。貴人多迫劇，龐雜盈公車。千士一府朝，五日一來歸。阡陌充九軌，轂擊不能馳〔三〕。見者登龍門，拜者翔〔四〕天衢。應接自不暇，安知拜者誰？庭實何煌煌，贄幣陳〔五〕璠璵。長跽請一盼，髣髴生丰姿。駿奔鈴閣中，珮結墮璜琚。但言一問君，聽者神魂移。貴人自北斗，君自爲南箕。斗象有〔六〕斟酌，箕下無糠粃。囊中寠且貧，音寄空何爲？鮑叔與虞卿，升沉不獨俱。三復宗〔七〕親言，千秋令人悲。

摹寫結交須黃金，意態曲盡。音節意致逼近漢人，故非贋肖可比。支韻古通微、齊、佳、灰四韻。此篇兼魚虞，頗爲創格。

校記：〔一〕『故人』，龍眠風雅作『良友』。〔二〕『客來』句，龍眠風雅作『客見故人不？』〔三〕『轂轚』句下，龍眠風雅有『柳蟬不及鳴，槐蠶不及絲。庭烏不及下，蒼蠅不及飛』。〔四〕『翔』，龍眠風雅作『登』。〔五〕『陳』，龍眠風雅作『旅』。〔六〕『象有』，龍眠風雅作『自象』。〔七〕『宗』，龍眠風雅作『因』。

答鄭蓬仙道士 御選明詩録

真真石室仙人子，綵鳳花箋三尺紙。千里相聞日月間，十年頻寄風波裏。聞師鑄鼎碧山頭，飛橋走問十滄洲。黄芽白雪近巖岫，好駐春光待遠遊。

夜泊黄石磯聞笛寄内 御選明詩録

無諸城外江流急，夜向澄江發青笛。横江石貌舊嶙峋，度海風聲況憀慄。月中島樹映江明，笛裏關山並海平。醉向扁舟聽不得，不知夢到幾回情。

出歌

橘柚出嘉樹巔，嘉魚出丙穴源。布〔一〕火浣出炎洲，酒千日出中山〔二〕。甘冰飴雪出閩越，芬欙馥櫟出厓門。萋菲貝錦〔三〕出輦道，蓈蒡稊米出藉田〔四〕。

校記：〔一〕龍眠風雅無「布」字。〔二〕「酒千」句，龍眠風雅作「良醞出淄青」。〔三〕龍眠風雅無「貝錦」二字。〔四〕「蓈蒡稊米」，龍眠風雅作「稊稗」；「藉」作「籍」。

烏棲曲　御選明詩録

霞帔雲髻迎風立，栢梁臺高月如璧。上陽花枝笑早春，瑤林瓊樹避玉人。

置之昌谷集，殆不可分辨。

東飛伯勞歌　御選明詩録

烏欲西飛兔東走，恍惚催我百年壽。誰家穉玉網户前，明珠煜煜流紫烟。茱萸細錦燦明光，織成翠被金鴛鴦。年如明月方二六，清暉漸盈手可掬。春光零落花飛揚，白首可憐誰斷腸。

將進酒

烹雛凫，炰鴨鷟，坐君高堂醉醽醁。酒到胡牀天地寬，醒餘索飽黃粱熟。憐君壽不似青天，青天日月跳丸懸。請看醉中春雨歇，庭階狼籍柳花眠。

行路難

春林初花時，百鳥鳴喈喈。長梧離披月慘澹，但見飛雀走空巖〔一〕。山有木兮木有枝，人心匪石〔二〕安可移？門施翟網無一雀，庭著韓爐皆死灰。功名在手心護惜〔三〕，防檢畏慎驚蛇杯〔四〕。西家思婦夜擣砧，揚情激怨誰忍聽。瀉水地中終到海，男兒能得幾回情。

生氣沸沸十指間，逼肖鮑參軍，不直字句也。

校記：〔一〕『雀』，龍眠風雅作『鶴』；『巖』作『階』。〔二〕『匪石』，龍眠風雅作『有媚』。〔三〕『護惜』，龍眠風雅作『戰兢』。〔四〕『防撿』句，龍眠風雅作『愛惜防檢畏酒杯』。句下有『一朝蒙棄擲，但聞原思克伐曾參愚。無可奈何坐忘去，喪家之狗爲誰户？小星照我命不猶，何能慷慨争蛾眉？』

送忍之清兄入天目

之子東南〔一〕去，環聲過霅溪。桃花春自放，藥草雨偏齊。法座高秦望，迦音滿會稽。何時開六葉，一爲止兒啼？

校記：〔一〕『東南』，龍眠風雅作『南方』。

碧雲寺泉

秀薄聯雲起，清流繞寺飛。看泉成五色，就樹浣三衣。罄度青城溼，杯浮白足歸。湯湯蕭瑟意，彷佛麗金〔一〕徽。

天然高秀，摩詰嗣音。

校記：〔一〕『金』，龍眠風雅作『青』。

歸路 明詩綜選　御選明詩録

歸路數千里，斜陽咫尺間。角聲斷城堞，離恨起鄉關。宿鳥先人入，江流背客還。月中聽砧杵，遊子復何顔。

九日送張十 御選明詩録

秋老空原寂，孤蹤去轉深。欲霜蒲柳色，落日大江陰。征鳥若爲疾，浮雲如有心。蕭條行萬里，何處問知音？

華清宫

長信黄金屋，招商白玉渠。蓮花虚布地，竹葉不迎車。紅霧遮馳道，青天達綺疏。離宫多少月，偏不照宸居。

寄吴客卿太史

内院如兜率，君王即太雄。部行天禄閣，趺坐蕊珠宫。説法經筵上，讐書戲論中。蓮花過駘宕〔一〕，魔印久塵封。

定月護冠紗，光音吐翠華。仙函供硯〔二〕滴，侍史散天花。梵宇〔三〕藏中秘，歌輪教館娃。滄洲濱宦海，莫惜寄疏麻。

二詩爲吴逃禪後作。

校記：〔一〕『花』，龍眠風雅作『池』；『宕』作『盪』。〔二〕『函』，龍眠風雅作『莖』；『硯』作『研』。〔三〕『宇』，龍眠風雅作『字』。

送徐荆州再守衡州

瀟湘秋漲五峰涯，竹马先期出九嶷。楚昔有弓誇自得，君行免冑不須疑。香多橘柚迷城郭，山向芙蓉倒接䍦。到日逢迎誰第一，前驅蒼水舊玄夷。

支研〔一〕問趙凡夫不值

洞壑增城一徑留，遥聞清磬不勝幽。浮雲初散主人出，明月未來山氣秋。峰石低昂緣〔二〕薜荔，野墻婉轉護林丘。依然室邇人偏遠，直是天台賦夢遊。

校記：〔一〕「研」，龍眠風雅作「鉶」。〔二〕「緣」，龍眠風雅作「循」。

晚步宣氏莊〔一〕

群峰回合鳥争飛，曲徑迢遥送晚暉。碧岫坐間明月出，青山行處白雲歸。幾家茅屋春多酒，千壑桃花晝掩扉。何事驅車遊〔二〕宛洛，無人知省〔三〕昨年非。

校記：〔一〕「莊」後，龍眠風雅有「山麓」二字。〔二〕「遊」，龍眠風雅作「窮」。〔三〕「省」，龍眠風雅作「道」。

還石鏡引水灌花爲老計〔一〕

松〔二〕陰蘭曲意如何？暢許牛衣老放歌。玄草肯教奇字少，青山能爲野人多。落花座上春相借，回渚琴前水自過。不道風光留井里〔三〕，肯令歲月讓烟蘿。

校記：〔一〕龍眠風雅詩題作還石鏡上築堤引水灌花爲老計或迂之賦以答。〔二〕『松』，龍眠風雅作『藪』。〔三〕『留井里』，龍眠風雅作『同鹿豕』。

詠冰網燈

瑤池瀑布注靈安，銀漢回波織女瀾。詎識冰丸光照乘，翻令火樹夜生寒。香如豹髓含神霧，珠似鮫人泣水端。却下羅幃鑑歌舞，月華鸞彩眩闌干。

三、四人巧極天工錯。

出守慶陽雜作

入邊苦憶江南好，春色誰知塞上多。小婦琵琶隨戰馬，短牆楊柳聽燕歌。榆關鶴響遼城度，瀚海鴻書碣石過。獨少金莖共〔一〕消渴，不堪醉酒奈卿何？

七律格意圓穩，聲調朗暢，固應齊迹嘉、隆諸子。

校記：〔一〕『共』，龍眠風雅作『潤』。

平大雷賊劉虞飲至詩

山城節鉞倚雲隈，江浦雷霆動地來。部下材官皆國士，帷中素女擅〔一〕兵材。投鞭赤壁流先斷，試劍丹陽石自開。欲笑樓船過漢蹕，溟濛風雨射蛟臺。

校記：〔一〕『擅』，龍眠風雅作『贍』。

萬歲山 御選明詩録

丹丘直立青冥上，玄武高憑紫翠重。北斗晨光低睥睨，西山曉色綴芙蓉。蕊宫掩映阿房樹，芝駕逶迤閣道鐘。朝罷金門幾回首，空中華蓋偃喬松。

答湯義仍見寄 御選明詩録

匡阜蕭條横左蠡，鄱陽浩蕩限南州。夜看斗氣精芒在，曉聽江聲旅思愁。人去鳳凰阿閣冷，書來鴻雁大江秋。膝前宣室今誰是，一望瀟湘共白頭。

福唐葉臺山先生大拜喜而有作 八十韻

象載翔交泰，龍文飛應乾。榮光河九潤，佳暈日初璇。有煥深衢室，無爲拱〔一〕法筵。升聞遲協帝，恭默正求賢。神籙生山嶽，瑤光注海壖。福唐天鸖下，閩嶠夏鵬騫。瑞相侔岩石，禎符匯巨川〔二〕。挾〔三〕天胸次闊，定命指紋連。蘭省探經富，蓬池邁德先。金魚銜不借，玉燕夢初圓。窗瑣春雲映，宮香暮雨闕〔四〕。銅龍披鶴禁，玉虎釋麋純。桂檝浮靈沼，榑桑視錦塼。詞頭勤藻黼，國手讓蹄筌。緑字卮犧〔五〕瀚，青藜太乙燃。化〔六〕工宸翰麗，納牖秘書詮。曉入班升棘，宵歸燭賜蓮。聲華揚北斗，師表籍南銓。赤日量衡設，澄秋水鏡研。璉瑚兼二代，桃李序三千。雲漢章逾倬，星階望益堅。金甌親戴冕，瓊筮叶筳篿。熊象圖椒寢，鸞緘出桂櫋。五臣同就日，一砫獨擎天。納録〔七〕風雷静，承明日月便。真儒才命世，上相業無前。負扆〔八〕題書謹，臨軒絶席專。苑花卿月迥，温樹相風妍。馴雉來鳷觀，鳴騶副鶴軿。對敭資廟算，奉引亞宮鈿。少海陪先路，勾陳衛曲旃。起居新謇謇〔九〕，書記舊翩翩。六曲臻周紀〔十〕，三章陋漢駢。明良琴瑟御，謨烈鼎彝聯。敬義〔十一〕丹書冊，艱難〔十二〕七月篇。絲言欣拜手，衮服盡隨肩。闢路通寒素，攄誠格上玄。元龜自昆命，雕虎敢分權。玉帛齊天會，金華戩帝編。九疇陳雨霽，五石鍊雲烟。作砫狂瀾砥，回枯湛露偏。歲裁金帛職，月損水衡錢。玉券三靈壽，瓛圭九錫遄。股肱司萬國，牙爪護諸邊。座有鵷鸞〔十三〕集，烽無狼燧傳。江山重禹跡，天地入堯年。搏石夔居肆〔十四〕，和羹説在筵。慶雲圍〔十五〕靉靆，藥氣暖芊綿。斟酌天漿溢〔十六〕，招摇斗柄旋。平臺題玉貌，石室教瓊仙。槐柳依行馬，衣冠繞附蟬。散奇抨〔十七〕鳳節，侍史爇龍涎。虹玉腰爲帶，泥金手作箋。閣甍文彩殿，御几切朱絃。禮教人間絶，榮名天保全。霞尊致醽醁，雲肆奏韶淵。河馬呈籤軸，山龍具紞綖。珮琚雙珩白，朝服五時鮮。籲俊尊三宅〔十八〕，神奸鑄九埏。旂常銘法駕，金石備宮懸。吐握逢姬旦，疏狂劇阮宣。賞音山水遇，感義髮膚捐。下吏迷懷寶，名邦再割鉛。宮中少前席，澤畔忌空絃。鳴雁慚供客，操豚笑祝田。畏途肱屢〔十九〕折，泣路眼頻穿。璧刖終投楚，金兼未築燕。貧難畢婚嫁，拙似愛屯邅。木石疲精衛，榆枋嚇鳥鳶。失時悲逝〔二十〕鵠，飲恨化啼鵑。海運蒙莊德，天憂杞客竣。幽篁棲轂食，昧谷滯鶯遷。土偶行何適？匏瓜住亦愆。帛書疏建禮，珥筆避甘泉。金鉉方持鼎，瑜衡念在璿。彈丸謝容飾〔二十一〕，躍冶負陶甄。蘭露相承飲，荷風晚自搴。有臺欣樂只，無地望因緣。丘壑芳時晏，蒹葭歲事還。逝將老芹曝，何用答埃涓？

洋洋大篇，一氣旋轉，其隸事徵對，妙極自然，固當與子厚、義山抗行，長慶集遜其整鍊矣。

校記：〔一〕『拱』，龍眠風雅作『悄』。〔二〕『禎』，龍眠風雅作『楨』；『巨』作『大』。〔三〕『挾』，龍眠風雅作『掞』。〔四〕『關』，龍眠風雅作『闃』。〔五〕『危犧』，龍眠風雅作『庖義』。〔六〕『化』，龍眠風雅作『代』。〔七〕『録』，龍眠風雅作『麓』。〔八〕『扆』，龍眠風雅作『斧』。〔九〕『謇謇』，龍眠風雅作『蹇蹇』。〔十〕『紀』，龍眠風雅作『約』。〔十一〕『義』，龍眠風雅作『勝』。〔十二〕『難』，龍眠風雅作『知』。〔十三〕『鵷鸞』，龍眠風雅作『鴛雛』。〔十四〕『肆』，龍眠風雅作『舜』。〔十五〕『圍』，龍眠風雅作『困』。〔十六〕『溢』，龍眠風雅作『滿』。〔十七〕『抨』，龍眠風雅作『伻』。〔十八〕『宅』，龍眠風雅作『能』。〔十九〕『屢』，龍眠風雅作『三』。〔二十〕『逝』，龍眠風雅作『市』。〔二十一〕『容飾』，龍眠風雅作『客飾』。

送吴幼元之金陵　三首　御選明詩録

日夜大江流，天邊到石頭。莫愁湖九曲，辛苦遲扁舟。
春暮百花殘，秦淮曉氣寒。渡頭桃葉盡，若爲到長干。
蘆菜壓春潮，垂楊繫短舠。東風猿嗅苦，明月夜蕭蕭。

送徐茂吴　六言　御選明詩録

彩鷁江干迅速，朱樓天上淼茫。連夜高唐風雨，一行送與徐郎。
不向天門走馬，只來松下烹魚。飛得豐城寶劍，長干露出芙蕖。

楊柳枝　御選明詩録

送路經春金線長，雁歸欲寄淚千行。分明不是宫車陌，閒誤風前作曉妝。

一天春色杳涔涔，十二巫山悄黛屏。楊柳嫌人腸未斷，更將風雨著娉婷。
緑塵初暗大堤邊，弱質絲絲風雨前。情向東皇休再發，莫教重上廣陵船。

江　南　御選明詩録

雲邊畫閣幾時春，遥映江南柳色新。立馬長干愁不折，無因寄與望中人。

阮自嵩一首

阮自嵩　字峻之，號思竹，嘉靖丙辰進士，官滄州知州。

立秋前一日坐山寺

客心元易感，落葉不須期。況是先秋夜，悠然鐘定時。露涼螢悦草，月皛鵲翻枝。是際空山裏，能堪薜荔思。

阮之鈿一首

阮之鈿 字實甫，一字以謙，崇禎時諸生，以薦舉官穀城知縣，殉節卒。明史忠義傳：『之鈿崇禎中，以人才保舉授穀城知縣。十一年正月之鈿未至，張獻忠襲陷其城，據以求撫，文燦許之，處其衆於四郊，居民洶洶欲竄。之鈿盡心調劑，民稍安，乃上疏言獻忠狀。至五月，獻忠果反，劫庫縱囚，毀其城。之鈿仰藥未絶，獻忠索印，堅不予，賊遂殺之，焚其署，骸骨爲燼。』通鑑輯覽：『崇禎十二年張獻忠就撫，在穀城擁兵索餉，日肆劫奪。知縣阮之鈿力言於熊文燦，不省。至七月獻忠遂叛，殺之鈿，毁穀城。』劉才甫阮暉吉墓誌：『暉吉高祖之鈿，以劉若宰薦舉，爲穀城令。先是獻賊僞降，據穀城，時有應補穀城令者，皆畏禍逃去。之鈿獨攜一僕至，賊縱騎虜掠，且脅使行不從，索印不與，因大罵賊，賊怒支解之。事聞，贈太僕卿。』邵長蘅房景春阮之鈿合傳：『之鈿令穀城，獻忠入據，城下有河當漢、沔合處，獻忠立關銜税，反意益急，之鈿屢開示禍福，獻忠愈銜之。之鈿度無可如何，憂憤成疾，累月不視事。及獻忠反，之鈿飲鴆未絶，賊入奪印去，刃之鈿，縱火燔官舍。獻忠未叛時，之鈿嘗題語於壁，已自知不免云。』方貞述吊阮實甫詩：『草野知今日，其如不聽何。書生惟一死，百姓已無多。忍對中書簿，重揮楚將戈。祭君還許劍，爲鬼亦摩抄。』欽定勝朝殉節諸臣録：『殉難祠恤職官阮之鈿，桐城人，官穀城知縣，城陷，駡賊見殺。』

題壁詩

讀盡聖賢書籍，成此浩然心性。勉哉殺身成仁，無負孝廉方正。

阮湛三首

阮湛 字露臣，號篠亭，自嵩曾孫，康熙間歲貢生，有延綠堂剩草。余扶上序曰：『山之名𠀉，不他見，獨其文從了爲山之盡處，蓋大江環抱，山不別注，獨此山爲然云。𠀉山阮氏代有聞人，不勝指數。篠亭爲孝烈韜甫公之子，早有文譽，坎壈不得意，及歲薦歸，素無心進取，朝夕以吟詠爲事，其抽思綿邈，吐屬幽秀，局度軒豁，意境高超，蓋有以聚兹山之靈淑，而爲名宗之繼軌也。』方陪翁曰：『篠亭先生挾瑯琊之巾箱，慕龍門之劍履。五岳囊中句滿，盡屬琳瑯；涅陽障上圖成，總躭山水。寫心雖骯髒，常諷趙壹疾邪之篇；傳聲或悲涼，猶是嗣宗詠懷之意。』

詠懷 十七首之一

蘭茝挺孤潔，馥馥山之岡。雜之蔓草中，久而不聞芳。群菲既已歇，孤根庸何傷。紉佩豈不懷，感時韜幽光。披拂趨南徑，淹抑向東牆。美人胡不來，仿佛雲鬢傍。香風薄暮吹，襲我羅衣裳。但恐蝴蝶聞，紛飛思茫茫。

白雲清梵 孤山八景之一

獨嘯層巖上，高瞻老眼醒。江吞危岸白，峰倚遠天青。拄杖探雲窟，傳燈憶祖庭。六時花雨散，清梵傍松聽。

灌花

日日提壺傍水隈，酒旗歌管逐塵埃。惟餘一片閒花草，勾引東風蛺蝶來。

按：方都秦孝烈阮公傳：『公諱之釬，字韜甫，至性孝友，爲人沉毅，有大節，性簡夷，不慕榮利，不喜見要人。族人石巢官大司馬，公不因之仕進。歲乙酉四月，叛師陷皖，居民豕突狼奔。時里臧任塾奉母逃避，麾公出避，公以母崔病卧牀第不能去，急麾子湛出。頃之，賊至，榜掠索金，不厭鋒刃立下，公挺身蔽母，及母遇害先隕。公遂駡不絶口，雖頸血濺衣，猶負强起，作殺賊狀云』。蓋是時篠亭先生才數齡，及後乃得請于朝旌之，因徵詩于名流，凡百餘家，爲孝烈先生題詠，集兹編内所録劉公輝祖、錢公光夔諸詩，皆其集中作也。

秦嘉禾五首

秦嘉禾 字吾田，嘉靖時處士，號大龍山人，有彭澤稿。潘蜀藻曰：『先生工書法，有里人求書於文待詔徵明者，文曰：「子鄉有秦吾田，子奈何愛野鶩而失室雞也。」其爲名流推重如此。』

小孤山 明詩綜選 御選明詩録

砥砫從開闢，中流自古今。神龍常在窟，怪石〔一〕不成林。絶頂雲留〔二〕影，懸崖鳥絶〔三〕

音。我題百丈壁，仙迹倘相尋。

校記：〔一〕『石』，龍眠風雅作『木』。〔二〕『留』，龍眠風雅作『流』。〔三〕『絶』，龍眠風雅作『過』。

對雪 四首之一

廣寒何處是？照我落瑤華。蘭種交枝玉，梅開隔歲花。呼童分活火，融水泛香茶。讀罷梁園賦，風流迥可誇。

題柳湖

君家傍湖開石扉，繞堤萬柳密如圍。三春柳變鶯調曲，五月湖平鷺浴衣。蕩漾摇金晴冉冉，徘徊覽鏡碧暉暉。柴桑處士名仍在，范蠡於今跡未稀。

唐初格調，樸遬黯宕。

秋興

停雲亭畔枕書眠，夢到江樓月正圓。一曲洞簫吟〔一〕露冷，玉人此夜隔風烟。

校記：〔一〕『吟』，龍眠風雅作『吹』。

泛湖 明詩綜選 御選明詩録

汎汎楓湖十里中，薄雲細浪夜初融。月明會有雙〔一〕龍起，我欲騎〔二〕之到海東。

校記：〔一〕『有』，龍眠風雅作『聽』。〔二〕『騎』，龍眠風雅作『攜』。

秦羽豐十四首

秦羽豐 字雲階，嘉靖庚申舉人，官永甯知縣，有北遊、南舟等草。馮芝曰：『雲階重厚簡默，貌古神清。生平蹇於遇而無求於世，邃於古而獨抉其精。當其酒酣耳熱、感懷賦事，睫上視不少瞬，須臾振筆疾書，真氣蓬勃，自具爐錘，不落窠臼，未嘗不倜儻自喜也。』張敦仁曰：『雲階詩不以雕鑱風月、驅策江山助其聲采，而言之有物，隨境抒情，自饒沉實、高華之概。』張勖園曰：『雲階詩規橅中唐，浸淫兩宋，不名一家，兼擅衆妙，至詠史諸作，議論名通，諷刺微婉，幾欲於玉溪生外拔戟，自成一隊。』

灤州早發

宵夢仍灤署，秋風拂拂涼。衫痕添曉露，柳色淡朝陽。出郭雞聲亂，過溪人影長。方言猶未改，回首渺難望。

天津早發

紫氣接瀛東，津門巨鎮雄。譙樓喧曉角，番舶嘯晨風。潭水千年碧，霜林兩岸紅。鄉心清夢覺，人語櫂歌中。

荆　溪

挂席東南望，荆溪水國華。遠峰銜落日，歸櫂曳殘霞。簾捲吹簫侣，燈明賣酒家。斬蛟人去後，两岸盡桑麻。

登通州城樓

潞河遠入大荒流，鎖鑰東南第一州。王會梯航趨日下，文昌殿閣起城頭。衣冠衢路遊人遍，禾黍秋風穡事收。千里江天空悵望，心隨飛雁到汀州。

三、四偉麗，確切津門。

榆　關

老龍頭欲舉遥空，關勢嵯峨四望雄。山擁晴雲雕草碧，海翻朝日唇珠紅。殘戈折戟埋荒徑，古戍高臺障遠風。飲馬長城今見否？華平露湛九州同。

張評：三、四雄麗似弇州。

羅刹磯吊黄侍郎觀

草制歸藩不可争，過江士馬特縱横。太真灑淚傾三輔，元佑刊碑第六名。迂闊君臣終棄國，英雄兒女早捐生。磯頭落日淮清水，上下風濤接恨聲。

五語括盡靖難時事。

征婦詞

舊服短長裁，遥聞雁語哀。捲簾看雁足，或恐繫書來。

少年行

楊柳青青大道旁，珊瑚鞭指鬬雞場。等閒一刻千金擲，又唱春風杜十娘。

夜　飲

星漢迢迢夜未央，一奩華月浸蓉裳。金樽薄醉客初去，露氣着花生晚香。

釣台次韻

釣磯花樹滿山隈，沽酒船迎返照來。莫怪富春山下客，不隨諸將上雲臺。

馮評：　不激不隨，風人嗣響。

明史雜詠　二十首之二

醉歌空自受恩濃，采服何曾百歲縫。莫怪武夫終慘戮，書生老矣不能容。宋濂
緹騎何來眾目嗔，誰知東廠逮忠臣。虎丘便是田橫島，義俠無慚五百人。顏馬五人

雨　後

星河千里仰澄空，細葛寒生雨後風。花氣逼簾人意静，一庭涼月響秋蟲。

姑蘇晚泊

金閶合是錦爲城，絃管紛紛欲二更。不盡珠簾遊舫過，翠鈿紅袖見分明。

林有望一首

林有望　字□□，號未軒，嘉靖癸丑進士，官四川備兵僉事。潘蜀藻曰：『公初仕邵武令，後遷職方郎中，以僉事出備兵瀘漵，彊直清惠，蜀人擬之海剛峯。三疏詆諆分宜皆留中，遂挂冠歸來。去官之日，有羨金十萬，例爲公有，公麾之不名一錢。歸築室于洞濱泉，竹石自娱。著有史綱辨疑四卷，刊行於世，卒年未五十。桐之稱清白吏者，公爲最，而郡邑志乘皆未記載，良可慨也。』

兔河曉發

曉起開船雲欲曙，赤霞殘月两争輝。櫂聲欸乃穿波影，羌笛咿唔入翠微。夾岸柳條垂近尺，平湖菱葉滿纔肥。遠山四望青如許，一路帆檣鏡裏飛。

林允朝五首

林允朝　字獻璞，號卞石，有望子，萬曆間諸生。

答石浪上人

廬峰真卓絶，靄霴白雲隈。古木四圍合，飛泉一徑開。歡〔一〕心天籟寂，説法雨花來。向子猶家累，何時得共陪？

校記：〔一〕「歡」，龍眠風雅作「觀」。

春夜飲碉中

華館清溪曲，東風二月時。人從花下醉，簫向夜深吹。荒戍更聲静〔一〕，明河星影移。樂游殊未已，遥憶〔二〕酒家旗。

校記：〔一〕「荒戍」句，龍眠風雅作「古戍鉦聲急」。〔二〕「憶」，龍眠風雅作「認」。

樅江坐雨

一雨春将盡，餘寒戀布袍。山横雲影亂，風急雁聲高。運甓懷先哲，開門望去舠。謀生甘守拙，鎮日坐江臯。

丙午秋日過慈濟寺〔一〕

高閣憑虚逐水開，清秋躡屐破蒼苔。江聲捲浪潮初到，山氣蒸雲雨欲來。客醉漫隨玄鶴舞，僧閒未許白鷗猜。狂歌莫笑忘歸去，明月還登燕子臺。

校記：〔一〕龍眠風雅詩題作丙午秋日過弘濟寺遍尋沿江諸洞晚登燕子磯得來字。

春日宿思貽堂值伯兄两弟肆業别館

萋萋芳草遍天涯，嫩柳新篁翠更加。春色滿園誰主客〔一〕？月明閒照紫荆花。

校記：〔一〕「主客」，龍眠風雅作「作主」。

林允濾九首

林允濾 字渡之，號鶴山。萬曆間諸生。

七夕

今夕爲何夕？他鄉酒一卮。星河低北户，烏鵲繞南枝。賜〔一〕巧傾都邑，懷人隔水涯。遥知愁織女，夜月冷機絲。

夏小正：「七月，漢案户。」

校記：〔一〕「賜」，龍眠風雅作「乞」。

懷化卿

江鄉同作客，旅館忽驚秋。露冷蟲依户，天清月近樓。蓮房擎菂小，桂子落香〔一〕稠。不見高陽侶，令人起夕愁。

校記：〔一〕『香』，龍眠風雅作『花』。

晚遊偃月巖

無復浮雲色，春山極望遥。鶯啼選深樹，馬影怯危橋。石溜晴飛雨，溪聲晚帶潮。沉冥邀月醉，遮莫盡今宵。

溪　行

古徑微風度，閒雲逐馬飆。芙蓉開野水，楊柳帶橫橋。鷺下窺潭淨，鶯啼出谷嬌。此生無所用，且得伴漁樵。

中秋夜餞别王成之古田

秋風嫋嫋動林端，霽色初開嶺月團。十載故人成遠别，一尊濁酒罄交歡。知音海内鍾期少〔一〕，作客天涯范叔〔二〕難。何處扁舟相憶切，蘆花楓葉暮江寒。

校記：〔一〕『鍾期少』，龍眠風雅作『憐予寡』。〔二〕『范叔』，龍眠風雅作『見爾』。

友人攜酒問病

山居鎮日無巾櫛，寂寂柴扉晝不開。噪屋頻驚乾鵲喜，叩門忽報故人來。草堂自此生春色，遠道何須〔一〕載酒杯？力疾從君拌一醉，不知明月上寒梅。

三、四生趣迥出。

校記：〔一〕『須』，龍眠風雅作『勞』。

九叔宅逢李含之

牢落長憐李白才，琴樽漫擬共徘徊。秋風江上扁舟別，歲晚山中匹馬來。萬里雲陰橫地合，千巖雪色擁天開。嗣宗頗愛清狂客，不醉無辭小阮杯。

清明柬孫對之

細雨東風春草霏，桃花灼灼柳依依。孫郎獵騎城東過，薄暮應歸猶未歸。

即　景

矗矗青山横郭外，翩翩白鷺下溪中。輕蓑短笛歸來晚，两角黄牛一笛風。

林　梅二首

林　梅　字□□，號惺齋，乾隆時處士。

春霽訪姚時南

驪歌唱自雪寒朝，妙筆春深憶海潮。幾度欲圖重促膝，東風楊柳雨瀟瀟。

别劉永亭

文章年少燦珠璣，好我頻敲竹裏扉。説到分襟心欲醉，凍烟殘雪馬蹄歸。

蕭世賢一首

蕭世賢　字若愚，弘治乙丑進士，官湖廣副使，有梅林詩集。方達卿邇訓：『爲諸生時，入鄉闈，友盛德遺其硯，世賢剖己硯，以半與之，入試两人皆捷。』潘蜀藻曰：『江彬以逆濠與大獄，公時爲南刑部主事，多所平反。所爲詩文力追漢、晉。」江南通志：「守嘉興，却織造様絹三百餘匹，立三館以造士，文風蔚興，監司上其治行第一，累擢副使。著有梅林集三卷。」

過三城寺

竹裏有幽寺，今朝步屧〔一〕來。兒童看畫〔二〕喜，懷〔三〕抱對僧開。沉碧過虹影，清香繞篆灰。春寒花影瘦〔四〕，風迴樹聲哀。龍虎交青障，雲霞護緑苔。燈空聞咒水，旛動聽經臺。入静參禪妙，尋真蜕俗胎。冷然如有契，日暮下山回。

校記：〔一〕「步屧」，龍眠風雅作「借問」。〔二〕「兒童」，龍眠風雅作「小兒」；「畫」作「繪」。〔三〕「懷」，龍眠風雅作「孤」。〔四〕「影瘦」，龍眠風雅作「蕾縮」。

卷十七

江有蘭　王文林
方宗誠　蘇求敬　同校

何唐二首

何唐　字宗堯，號省齋，正德辛巳進士，官南兵部主事，有日省録。方本庵何省齋傳：『先生崛起桐鄉，倡明理學，爲士人宗。世居洪濤山。其講學以主敬爲要，名節爲基，嘗過錢尚書如京第，錢方宴客，帷錦觴玉，聞先生至，曰：「不可令高士見也。」成進士，以母老告便養，授南京兵部主事。告歸，皖守延之爲子弟師，辭不往。所著有聞見録、壯行録、艮輔録等書。』邇訓：『何宗堯歸棲岐嶺下，每除夕乘驢抵邑，元旦謁文廟，拜賀即歸，終年不入城市。』

歸雁次韻

何處堪惆悵，歸鴻嘹唳音。關山千里約，光景四時心。影入春風静，聲傳畫閣深。冥冥宵漢上，羅網莫相尋。

九日和韻

重陽細讀黄花句，懷抱因君一暫開。杜甫當年常作客，陶潛此日定銜杯。殊方久廢登高興，青眼誰憐濟世才？南望親闈腸欲斷，塞鴻頻到少書來。

何思鰲一首

何思鰲 字子極，嘉靖間貢生，官棲霞知縣。江南通志：『令棲霞時，勸課農桑，民輸賦倍常額。以子如寵貴，贈大學士。』

聖水庵和韻

掬水尋香入翠微，隔林浮渡午鐘稀。路攀危磴蒼茵滑，泉劈輕烟白練飛。磵道細看梳石髮，雲聲驚聽擊雲霏。經營却羡真如境〔一〕，我欲甑甎坐不歸。

校記：〔一〕『真如境』，龍眠風雅作『如神漢』。

何如申五首

何如申 字仲嘉，號虛白，萬曆乙未進士，累官浙江右布政。明史何如寵傳：『兄如申同舉進士，官户部郎中，督邊餉，有清操，軍士請復留三年。終浙江右布政使。』龍眠古文載：『公與熊芝岡學使書曰：「某以迂拙不諧於時，庸愚不諳於計，恬然入關，以有今日抗手。入春明，初苦冗集，稍稍事定，則日圖歸竄矣。」蓋其督遼餉時也。』吴客卿輓何仲嘉方伯：『琴鶴蕭然使者車，床頭空積子雲書。遺清豈爲金難守，此德原知玉不如。屈指女婚須賣犬，傷心官舍有懸魚。修羅掩却玻璃殿，長夜漫漫恨有餘。』

陪劉明府龍眠春省

望望青郊遠，行行翠岫深。片雲移〔一〕舄影，一水静〔二〕琴心。鳥道藤蘿外，雞聲桑柘林。
何如羊叔子，留石在高岑？

校記：〔一〕『移』，龍眠風雅作『團』。〔二〕『静』，龍眠風雅作『得』。

登戲馬臺

澤國山河壯，巖城鼓角餘。奔流交汴泗，密樹引舟車。日落荒臺古，烟沉霸業虚。歌風懷不盡，平望獨躊躇。

送黄少介同年謫任黔中〔一〕

天涯岐路惜沉淪，逐客蕭蕭出薊門。萬里長風嘶倦馬，五湖明月照啼猿。君恩豈爲投荒薄？吾道翻因去國尊。屈指環期應〔二〕不遠，離〔三〕情無奈欲銷魂。

校記：〔一〕龍眠風雅詩題作送黄中介年兄謫任黔中。〔二〕「環期應」，龍眠風雅作「刀環知」。〔三〕「離」，龍眠風雅作「交」。

送王旭陽年丈冊使琉球

蚤有雙星向海東，使臣初出大明宫。萬年圭組青天外，一片樓船紫氣中。

范增墓

好向彭城解鐵衣，鴻門一失事全非。至今草墅〔一〕花如雪，猶作紛紛碎玉〔二〕飛。

校記：〔一〕『墅』，龍眠風雅作『野』。〔二〕『碎玉』，龍眠風雅作『玉斗』

何如寵二十四首

何如寵 字康侯，號芝岳，萬曆乙未進士，官禮部尚書，拜武英殿大學士，贈太傅，謚文端，有後樂堂集。明詩綜系傳：『乙未進士，戊戌殿試改庶吉士，除編修，歷少保、户部尚書、武英殿大學士，贈太傅。有西疇詩集。』明貢舉考略：『崇禎辛未，會試總裁大學士何如寵。』明史本傳：『父思鰲，知棲霞縣，有德於民。如寵天啟時，官禮部右侍郎，以與左光斗同里，奪職閒住。崇禎元年起禮部尚書，冬命與周延儒、錢象坤同入閣，輔政四年，春即乞休，疏九上乃允，陛辭陳疏語甚切。如寵性孝友，母年九十，色養不衰，操行恬雅，與物無競，難進易退，世尤高之。』按：龍眠古文載公疏曰：『臣在位一日，未嘗忘尸素之懼；去位一日，未嘗忘酬報之恩。』又曰：『天下之患，莫大於實事之不務，而虚言之是競。』公疏語切至如此。趙恒夫表忠録：『公成進士，由庶吉士歷官至庶子，故事，詞臣官五品歷三載無不遷者，公與左庶子趙師聖皆考滿，人服其恬退云。天啟初，拜禮部侍郎，以母年九十，辭不赴。母終服闋，起故官，魏廣微惡其方正，言公與左光斗同里友善，奪職歸，屏處西疇，口不談時事，人罕見之。』江南通志：『公主會試，必焚香默禱，期得士。試畢告歸。癸酉復以元輔召，力疾至臨淮，乞休益力。公爲人博大坦夷。其爲相以培元氣、達大體爲務。在前後諸相間，以度勝，時爲正人所歸。』通鑑輯覽：『崇禎四年，何如寵罷。如寵官禮部，貧宗以如寵言，獲婚嫁者過千。袁崇焕亦以如寵言免族。及入閣，爲延儒、體仁所扼，連疏乞罷歸。久之卒。』何文端公别傳：『成進士年方二十，及官宗伯，宗藩婚嫁命名，例請於朝，貧者爲部所稽，有白首未能完家室，骨朽尚未命名者，如寵請貧宗得嫁娶者千餘。二年冬京師戒嚴，都人桀黠者，請以私財助軍。如寵力言其叵測，帝後出片紙示之，則得之偵事者與如寵言合。袁崇焕下獄，帝將行門誅之典，如寵力解，免死者三百餘人。籍其家得尺牘一篋。如寵請付閣中，已而問及，從容對曰：「焚之矣。」四年乞休，疏九上，許歸。六年周延儒罷，帝召爲首輔，已就道，时温體仁方得君，度其終不相容，再以疾辭，疏六上，許之歸，歲給廩禄，遣行人存問。以十四年三月卒。』南磵曰：『先太傅生，屋產五色芝百本，後因顔曰「百芝堂」。』

登薊丘憶樂生

薄遊薊門道，獨上黄金臺。感慨多悲風，悵念何悠哉。昭王四顧心，樂生千里才。君臣相遇時，剖肝甯見猜。嘘燕成雲霧，刈齊若蒿萊。回望奔〔一〕蕭瑟，西北紛塵埃。何人掃氛翳，豁我心顔開。長懷霸者圖，攬衣起徘徊。

時事孔棘，得才如管、樂亦談何容易。此公之所以見險而止也。

校記：〔一〕『奔』，龍眠風雅作『莽』。

感懷示趙儕鶴馮景逸劉念臺鄭玄岳及門人劉青岳繆西溪 四首之一

少伯遊五湖，留侯師赤松。君臣僚友間，各自有隐衷。绛灌不可伍，病亦全〔一〕所終。豈其隆準帝，視與烏喙同？

校記：〔一〕『全』，龍眠風雅作『虔』。

舟中雨後看山姚康伯來自山中

馬首西山山擁〔一〕塵，城頭西山雲欲屯。舟行一雨望新沐，西山隨舟如逐人。停舟遥共西山語，鳴瑟撫絃〔二〕心自許。萬重雲樹千重烟，子昨眺聽居〔三〕何所？

校記：〔一〕『擁』，龍眠風雅作『入』。〔二〕『撫絃』，龍眠風雅作『峨峨』。〔三〕『居』，龍眠風雅作『在』。

春興

春陰溶溶花亂飛，柳色向暮黄鶯啼。清池落影淨相照，槁首無復朱顔時。回頭却共少年語，來日之日知何許？莫道流光不負人，風雨憂愁半寒暑。

愛惜景光，節短韻長，最似張文昌、王仲初。

舟夜

人語靜烟洲，更遥古渡頭。潮生知近海，月滿欲盈舟。市亦有時寂，天無如夜幽。泠然槎上客，銀漢一星留。

出處

出處道之大，盈虛理亦微。不緣憎美服，何以遂初衣？有徑在松菊，此生餘蕨薇。一冠彈與挂，商榷[一]悟前非。

校記：〔一〕『榷』，龍眠風雅作『較』。

黄水部謫貴陽賦别　四首之二

何緣恩譴重，萬里獨棲遲？負眚非無故，之官未有辭。時危雙足健，天遠寸心知。龍劍雌雄在，延津合可期。

聞道黔陽路，千山與萬山。古今烟瘴裏，天地戍樓間。石嶺兼三蜀，盤江散百蠻。南征應有賦，翻作壯遊還。

偶吟

閱盡乘除拙未妨，漫將疑事問穹蒼。鮭如屬厭惟三韭，食不辭豐滿萬羊。幻士登場看轉轂，郵亭攲枕待吹〔一〕粱。客塵近悟西來意，消受蒲團一篆香。

三韭、萬羊盡付之，乘除自然，公之淡於名位即此可見。

校記：〔一〕『吹』應作『炊』。

憶西疇

襏襫西疇入夢思，土膏兼是種花時。晝長日下松關鑰，渚滿風沉釣閣絲。稼圃已添新鶴料，園規因護舊雞塒。香雲一曲堪爭席，寄與〔一〕鄰翁定有期。

校記：〔一〕『與』，龍眠風雅作『語』。

范質公倪鴻寶各投以詩范云顧厨俊及推爲首倪云手障狂瀾有泰山蓋爲亮工也詩以答之

吴橋已具千秋鑑，剡水全收一代名。帝許老夫優緑野，天留君等護蒼生。鴻文自可培元氣，駿業何難致太平？孺子頗矜西漢節，獨愁黨錮禍將成。

范，吴橋人；倪，山陰人。二公後皆死國。詩前半推許優至，結末寄慨尤深。

寄答方赤城侍御

带若忘腰不減圍，年來裾緩素心違。過淮櫂已難乘雪，入洛塵兼欲化衣。家本灌園機事少，道難逢世宦情非。碧山今有焚魚者，我所思兮在翠微。

偶成

小院桐陰覆井欄，夕荷朝槿寄盤桓。幽人一蝶銷殘夢，童子雙魚憶古歡。松塵舊拈無住法，蕉花新製遠遊冠。因棋每念遺柯老，未向籌筭局外看。

七十自壽 明詩綜選

黄龍枉自説三關，白鶴何須鍊九還？醉客豈真千日醉？閒人難到十分閒。清溪水滿長摇艇，紅雨春深一看山。時至便行無不可，幾能塵世駐朱顔？

儘教任運百無求，難可逍遥到白頭。墮地一生真草草，從天卒歲許悠悠。不須緱嶺思騎鶴，自覺牆東好儈牛。最是俗情無遠韻，謬猜同樂與同憂。

璥按：公自壽詩凡二十首，其三句『許身盛世趨黄閣，投老名山號白衣』，其四句『卿無失德終慚長，弟免非才樂有兄』，其五句『雞社漸稀争席友，鹿门旋悼饁田妻』，其六句『詔賜秦淮如鑑水，寒依鍾阜作菟裘』，其八句『開閤已難三握髮，下堂猶可一扶藜』，其十一句『有地便栽王令竹，無書不挂鄴侯籤』，其十二句『官以避賢差養拙，家無析箸易安貧』，其十四句『少慚篆刻多焚草，老謝毛錐不夢花』，其二十句『八公地近分叢桂，五老峰遥禮白蓮』，綜敘時境，優游自適。史所稱：『操行恬雅，與物無競。』讀其詩，可以得其性情焉。

遊龍井山房

覓得花源寄草堂，未容漁父識行藏。入林人共山容瘦〔一〕，度巘雲隨屐齒香。閒倩韻僧司水石，倦同癯鶴夢蒼涼。文人不似尋常隱，鴻寶書成字挾霜。

校記：〔一〕『容瘦』，龍眠風雅作『情遠』。

江行將至金陵作

風静春江一鑑開，天低两岸萬峰回。人烟漸向津樓起，雨色遥含浦樹來。六代山餘龍虎勢，千秋人去鳳凰臺。居然帝業思豐鎬，誰是西京作賦才？

方赤城新構屏山別業春日同馬六初載酒邀史伯弢謝中隱過訪得春字

路半依城郭，居全洽隱淪。始知真避世，不爲遠逃秦。寬綽纔三畝，蒼涼絶四鄰。渠窮疏水活，徑轉縛樓新。相地添亭子，栽花揀日辰。支分身外累，約束杖頭春。砌有前朝樹，庭無隔宿塵。長吟覘務廣，習懶驗官貧。盥罷即持帙，朋來方岸巾。襟期余共爾，脱累〔一〕主和賓。偶結尋幽伴，攜將問字人。入門聲已辨，過臘酒纔醇。授簡甯辭陋，揮杯莫厭頻。禮非吾輩設，交似古初淳。密坐歸應晚，清言話自晨。溪光晴報柳，草意軟敷茵。山向疏櫺夕，烟隨野燒勻。酬閒饒景物，揖别屢逡巡。漸暖天逾好，重遊跡未陳。笑他漁父拙，忘却舊來〔二〕津。

吾桐釀酒，以十二月造者貯之，謂之臘酒。讀『過臘』句，知自昔爲然矣。

校記：〔一〕『累』，龍眠風雅作『略』。〔二〕『來』，龍眠風雅作『時』。

寄懷何充符 時充符繫詔獄

六月燕霜未可期，三年憔悴一身危。從來畫地真難入，況復重關不易窺。哭漢始知孤憤苦，哀湘方識九歌悲。思熏社鼠原非策，欲起冥鴻定有時。地近〔一〕迴疑天聽遠，舌存深見主恩私。遥憐俠氣朱家少，浪説交情鮑子知。忽訝論心應已盡〔二〕，翻將會面轉相思。鄒陽書就誰堪上？黄霸經明志可師。禍福總宜占塞馬，浮沉〔三〕豈必戀羈雌？龍精自古藏〔四〕牛斗，傍獄風雲可〔五〕護持。

校記：〔一〕『地近』，龍眠風雅作『淚盡』。〔二〕『盡』，龍眠風雅作『近』。〔三〕『沉』，龍眠風雅作『湛』。〔四〕『藏』，龍眠風雅作『干』。〔五〕『可』，龍眠風雅作『好』。

又别黄二爲

一杯酒盡數行啼，悵望千山落日低。春水茫茫春草緑，孤帆人去夜郎西。

慈照上人住金谷巖木蓮閣

春風披拂晾花臺，結構時當闢草萊。試問木蓮誰是主？朗公去後照公來。

閒　居

清齋無事縱朝眠，況是辭寒未熱天。啼鳥一聲驚乍起，隔林遥見午炊烟。

歸宗寺　盧山志

五岳風雲坐可捫，石壇從此露華繁。跏趺竟日渾無礙，片片青山到寺門。寒山瑞草自芊芊，古刹淒涼不住禪。自是寶幢初結社，一天明月照青蓮。

何應璿二首

何應璿 字子政，號淡石，如申子，有據梧軒集。郡志：『少純篤，善屬文，與兄應瓊齊名。晚夢人贈「淡然若石」四字，遂以爲號。』方爾止曰：『先生少負文名，與伯氏同時競爽，同居方伯世醇堂，終身無間言。』

晚登邗江郡樓

江濤渺渺送寒流，倚檻風烟一望收。對楚遥吞湘圃〔一〕日，憑吴欲鎖海峰〔二〕秋。騷人詞賦留殘雨，估客帆檣夾暮洲。燈火萬家蘆荻繞〔三〕，不知何處訪迷樓？

校記：〔一〕『圃』，龍眠風雅作『浦』。〔二〕『峰』，龍眠風雅作『門』。〔三〕『繞』，龍眠風雅作『亂』。

春　萊　一作姚康伯詩。

春盤細剪碧叢叢，消息於今鼻觀通。却憶平生孤貧處，木樨花下海棠風。

何應珽一首

何應珽　字搢之，如申子，諸生。

暮雨

簷溜翻盆夜有聲，案頭燈火失〔一〕分明。雲來汗漫窗前濕〔二〕，詩費推敲枕上成。抱膝自憐寒到骨，掩門終日静無情。時危只合茅齋坐，不向人間浪得名。

校記：〔一〕「失」，龍眠風雅作「倍」。〔二〕「雲」，龍眠風雅作「雨」；「濕」作「暗」。

何應珏四首

何應珏　字待卿，號道岑，如申子，順治初貢生，官黄州知府。

秦川道中

十月秦川道，陰雲四望遮。霜寒嘶獵馬，風急咽清笳。河水征人淚，邊庭壯士家。數聲天外雁，一聽一長〔一〕嗟。

校記：〔一〕『長』，龍眠風雅作『回』。

甲申三月作　五首之一

血詔淋漓變徵音，呼天無路愴傷心。散家應購荆軻匕，吞炭甯辭豫讓瘖。九廟威儀春寂寂，諸陵風雨夜沉沉。黎民此際思先帝，慟哭郊原不忍聞。

坐竹樓

竹樓新葺老僧閒，爲愛名山〔一〕一叩關。文尚勒碑堪共賞，人都化鶴未飛還。堂虛雲起鐘聲静，池小風生草色班。四顧蕭疏難極目，汀洲自昔水潺湲。

校記：〔一〕『山』，龍眠風雅作『幽』。

送張瑞亭還岐亭〔一〕

天涯星聚綺筵開，路出旗亭首重回。東閣梅花消息斷，西山兵火夢魂來。虚名久誤初衣賦，時望還推博物才。舊蹟看君爲第一，五雲多處是蓬萊。

五句自道，六句稱張更切姓。

校記：〔一〕龍眠風雅詩題作送别同寅張瑞亭還岐亭署。

何永棟九首

何永棟 字克上，號退齋，明進士，應奎子，國初處士，有寒香齋、緑天園、絳雪亭、蓮溪等集。

懷方四顔遊虔州

謀生非無術，立志貴有道。流光隙中駒，盛年何草草。崎嶇失前路，喪亂忽衰老。開口笑有時，聲名恨太早。吾兄備内美，縝修以自考。至孝本天成，孺慕猶襁褓。依人終難立，躬耕以爲寶。

山寺

無僧但有寺，山静白雲多。策杖尋瑶草，臨流拾芰荷。疏松聲激壯，老桂影婆娑。到處傷離别，歸心滿薜蘿。

重過王氏園林

泊岸簫聲近，風光趂管絃。蓮開西子面，榆散沈郎錢。掃葉煨茶竈，催花索酒泉。黄鸝依舊囀，薄暮柳含烟。

散步

信步尋村落，疏林界遠天。斷橋喧米碓，淺水鬧漁船。麥浪桃風舞，秧針杏雨連。放閒無別法，朗誦馬蹄篇。

訪山僧不遇

寒山無客到，破寺有僧存。數折入松徑，一籬開竹門。耕牛閒曠野，饑雀噪荒村。托鉢空應返，霜天煮蕨根。

懷從兄〔一〕方屏

池塘草色帶〔二〕斜暉，鴻雁驚秋陣陣飛。夾岸漸愁荷葉破，隔溪猶喜麥〔三〕苗肥。燈青墨榻詩瓢滿，露白苔階屐齒稀。風雨情牽如過問，銜杯待月夜深歸。

校記：〔一〕『兄』，龍眠風雅作『弟』。〔二〕『帶』，龍眠風雅作『戀』。〔三〕『麥』，龍眠風雅作『藥』。

贈吴駿公世兄　四首之一

東山高卧静林扉，回首蒼生願忍違。萬壑雲烟容豹隱，九州風雨待龍飛。秋深七萃歌黄竹，月正中天看紫薇。海内只今瞻大老，飄飄雙鶴引荷衣。

擬秋原恨别詞　五首之一

相思如夢見還愁，半枕清歡淚欲流。誰向黄昏憐病骨？紫薇落盡不知秋。

途中柬友

鳳凰山下樹青青，極目千峰點翠屏。浪跡莫愁書信絶，相逢多在醉翁亭。

何永虔一首

何永虔 字文懷，布衣。

懷夏雨林

柳色青青唱渭城，梅花將放滯歸程。徘徊旅夜三更月，回首關山千里情。

何亮功六首

何亮功 字次德，號辨齋，順治丁酉舉人，官古田知縣，有鳳毛堂等集。潘木厓曰：『公爲文端之冢孫，贛州守蓉庵之子。爲文汲古振奇，不蹈時畛。四方知名之士，履屣迎門，傾身容接，文采風流，照耀江左。所著有稽堂静外軒、黄海游、閩宦游諸草。』

寄大人

齊紈遠自白雲將，讀罷新詩淚幾行。豈有老親思壯子？尚堪遠客滯殊鄉。水程計日能依膝，書劍無多易治裝。深感明庭慰賓旅，預籌部曲及歸航。

過淮上舊館

先文端公曾於此拜疏

淮上曾留相國車，中途十疏達天家。竟回謝傅青山屐，來看裴公緑野花。行館經兵猶有閣，法書異代尚籠紗。蒼茫獨立渾無語，風起寒林聚晚鴉。

偶成

豈爲尋花出郭遊？好花難上野人頭。豬肝此日無安邑，雀舌當年有趙州。人惜劉蕡偏下第，我占李廣不封侯。漫將五斗頻相溷，請看南山晚色收。

五弟送彭郎歸里

四十三年别故鄉，宦途歲月總他方。遥知賀監兒童問，應説相如駟馬揚。遊目暫從春水闊，詩情可共柳條長。花開畫舫真天上，况有承歡坦腹郎。

答張素存先生

過江何點住烏衣，家在龍眠老大歸。緑雨山中賓客少，青雲天上雁鴻稀。難從西閣依嚴武，空説東頭有陸機。唯有感恩常在望，三台照處挹清暉。

題木厓河墅〔一〕

妖夢荒唐不待圓，須知夢哭旦而田。漆園蝴蝶原成幻，且讀逍遥第一篇。

校記：〔一〕龍眠風雅詩題作木厓索題河墅詩漫成四絶句非但不似河墅竟不似詩因笑曰去其似而

可矣。

何寅亮一首

何寅亮　字□□。

籠鳥

籠鳥豈憂饑？但不適其性。所志在山林，飲啄無與競。

何永喆一首

何永喆　字孟明，號梅溪，康熙間諸生，有青山遺稿。

贈方石上人

花雨從天落〔一〕，飛來第一峰。談經門過虎，説偈坐驚龍。斑駁山頭石，幽深樹裏鐘。倒懸春澗曲，瀑布自重重。

校記：〔一〕『落』，龍眠風雅作『馥』。

何永炎三首

何永炎 原名永續，字升公，號方屏，國初諸生。

自壽

自分餘年未有期，孱軀歷盡總艱危。醢雞那有離酸日，螢火曾無脱腐時。陸羽有茶堪〔一〕散悶，杜康成酒勿攢眉〔二〕。此身倘得還睽健，重向君平問卜居〔三〕。

校記：〔一〕『有茶堪』，龍眠風雅作『茶鐺聊』。〔二〕『杜康』句，龍眠風雅作『杜康酒醆覺開眉』。〔三〕『居』，龍眠風雅作『著』。

歸途得句

塵沙漠漠客初歸，兩袖風盈帶落暉。罾埠沿河潮漸落，禪房幫岸柳成圍。晚村烟暗春聲急，鄰舍雞棲月影微。汗漫此行交謫近，入門何以慰沾衣？

秋　思　集唐四首之一

真成薄命久尋思，天遣多情不自持。菰黍正肥魚正美，芙蓉如面柳如眉。無愁那得仙翁術，有恨空吟團扇詩。行樂及時時已晚，勸君惜取少年時。

何永圖二首

何永圖　字懷仲，號陶墅，国初諸生。

詠　懷　二首之一

昔我先人訓，步趨惟六經。徽言〔一〕杳難續，學〔二〕道竟無成。鄙哉雕蟲技，株守不敢更。中夜忽不寐，攬衣步前庭。微月倏已没，孤鶴時悲鳴。丈夫多坎壈，毋〔三〕令傷吾情。

校記：〔一〕『言』，龍眠風雅作『音』。〔二〕『學』，龍眠風雅作『吾』。〔三〕『毋』，龍眠風雅作『勿』。

別施愚山憲副

先生夙[一]愛客，於我更深情。乞米呼仁祖，忘形念步兵。尊常隨座滿，官亦似詩清。分手天涯外，孤舟夢不成。

校記：〔一〕『夙』，龍眠風雅作『原』。

何永紹六首

何永紹 字令遠，號存齋，康熙間廪膳生，有寶樹堂集。潘木厓曰：『存齋爲方伯虛白公孫，天資伉爽，學問淵博，常客吴、楚、秦、豫，與諸名宿唱和，刊有龍眠古文一集，與李芥須同選訂者。』姚康伯曰：『何氏自棲霞公文學發迹因之，方伯流鴻於名藩，相國騰芳於天府。雲蒸霞蔚，以迨子政兄弟，恂恂孝友，莫不砥節礪行，稱清白吏子孫。蓋世清世文而世淳也。』方畿寶樹堂詩集序：『余友何子令遠，狎主騷壇三十年。其詩跌宕夷猶，風神蕭散而流逸清麗，即之無擊劍揚塵、叫呶激烈之氣，近似雅詩中怨誹不亂之遺音。』姚經三無異堂集何令遠詩集序：『何子長余數歲，同居巷北。余讀何子詩，每中夜酒酣，言及清白子孫家徒四壁，而翁聲振四遠，賫志終天，未嘗不涕泗交下。及余爲昌谷集注，何子序之，以示當代名公鉅卿，無不謂何子之深於昌谷也。』

擬古

騏驥不能騁，蹄齧槽櫪間。壯士多鬱伊，感慨終屢〔一〕艱。驅車出門去，意欲遊名山。名山安所適？將至閬風巔。揮戈指日馭，側身問飛仙。忠孝屢見禍，奸佞福緜緜。斯理殊不平，無乃非先天。仙言此正道，天運久西旋。盤根世所棄，曲突應毋憐。會當醉村酒，飲待鬢毛斑。

雅鄭不同好，感此懷古心。幽人静獨夜，素琴鳴空林。零雨積天路，滿目風陰陰。寒暑易代謝，咬咬春禽吟。鬱伊中不解，纏綿一何深。一歲三两花，坐見霜鬢侵。佳人在天末，寄我雙南金。思之不可見，夢寐相與尋。心孤易感激，白雪思知音。

『交交黄鳥』文選註引作『咬咬黄鳥』

校記：〔一〕『屢』，龍眠風雅作『窶』。

希夷峽

扶筇支逼側，采藥爱攀躋。斷續前朝碣，依微隱士棲。三峰仙掌秀，一水大河低。過盡希夷峽，烟深路欲迷。

青柯坪 陝西通志：『在華山十八盤之上。』

欲策盧敖杖，疑聽子晉笙。苔花封屐濕，雲氣入衣輕。亂瀑成〔一〕雷響，飛泉〔二〕作雨聲。長安誰道遠？落日下層城。

校記：〔一〕『成』，龍眠風雅作『轟』。〔二〕『泉』，龍眠風雅作『花』。

夏日同宋牧仲遊聚寶山次韻

頗識謝公意，遊山詩趣多。得閒宜眺聽，不醉亦婆娑。烟月迷蒼嶺，琴尊選翠阿。野人無忌諱，來往任〔一〕樵歌。

校記：〔一〕『任』，龍眠風雅作『唱』。

過太和贈蕭孟昉

海内聲名八顧傳，蕭齋閒放亦千秋。高情愛客草堂見，落日論心江水流。世守異書居邇圃，人傳佳會在南州。偶來不用傾家釀，茗椀檠燈足勸酬。

愚山講學，數百人皆孟昉治供具。

何永駿一首

何永駿 字龍牧，號牧伍。順、康間貢生，官洪雅知縣。

清明日哭蓮濱兄

風雨梨花晝掩門，清明節至暗吞聲。只聞綠酒澆新塚，那見皤顔返故園。詩爲感懷腸盡斷，淚因傷別目全昏。泉臺此際如相會，中夜期君結夢魂。

何　采二十首

何　采　字敬輿，號醒齋，文端孫，順治己丑江寧籍進士，官侍讀，有讓村集。昭代名人尺牘小傳：『字滌源，號南礀，又號蘆莊，工書。』郡志：『采文章翰墨爲一時詞臣之冠，顧以氣節自峻，不諧於俗，甫三旬即棄官歸，閉門却掃，雖制府造請皆不應。時往來太平山中，號太平山農，著有南礀詞選。』何氏家傳：『公告歸，年始三十，優遊林下四十餘年，按集中和朱都諫去官詩注：「朱抨一大僚被謫，余亦牽坐去官。」』余懷南礀詩序：『南礀少年高第，聲振詞林，視草花甎遂視儔輩，躙涼傲岸，咸侮詼諧，筆劍舌鋒，凜然可畏。其書摹子敬，畫仿元章。尺牘數行，人争藏弆；硯銘馬券，得者爲榮。顧乃名列清流，心懷高蹈，娥眉衆妬，鴻羽高騫，當途薦辟，高卧不起。承父母之歡顏，免妻孥之交謫。閉門却掃，謝車騎，弗與通，唯與二三幽人野老握手交歡。非夷非惠，亦狷亦狂。論次其詩而概其生平，知子雲者當不俟後世也。』李富孫鶴徵録：『法若真典江南武闈，適奉家諱不得出，桐城何中允采遣人送詩云：「門人只讀孫吴傳，何必教渠廢蓼莪。」』宋俊柳亭詩話：『朱方旦至金陵，於雨花臺畔作二眉書院，遂僭登講筵，説子謂顏淵一章，諸大吏莫不列坐以聽。何翰林采方家居，聞之作詩曰：『戎服相將入講筵，不談老子説顔淵。蠹魚最是無知物，食盡神仙食聖賢。』

三十初度屏跡蘭若

國朝名家詩選

顧此小兒女，牽連繞吾膝。不聞阿母呼，豈尚記生日？拭淚沾衣裳，含悽與棗栗。但願識栝棬，不復計巾櫛。五岳詎難期，安得婚嫁畢？客緒如棼絲，欲理轉不一。吾生亦有涯，大半送歌泣。况乃六時中，頻使百端集。蒙吏何栩栩，魯叟詢汲汲。懷抱將母同，棄取各自給。歲月忽以馳，修名恐不立。記取入洛年，草草還三十。

同友人龍眠看梅

爲厭絃管繁，嘉會今方踐。高齋曲徑深，宛如陟層巘。松門倚石開，蕙路緣牆轉。因悟城市囂，幽居境彌善。共溯溪水源，始見梅方展。徙倚春星中，花月渾何辨。之子閟寒香，冥搜横千卷。竹木有雋才，琴樽無凡撰。對君静者心，頓覺平生淺。酌罷睇微雲，孤懷孰能遣？

甓園雜詠

魏惟度詩持選

草堂傳盛事，不數瀼東西。月裏秋無恨，花前路欲迷。樂遊中岳近，招隱小山齊。自顧惟逋客，清香許共攜。桂嶺。

瑶華宫裏植，移向辟疆園。雨霽雲辭岫，春晴雪滿村。高人閒共對，芳草淡常存。玉樹枝枝好，由來屬謝墩。玉蘭叢。

菡萏隨時種，池塘任意營。盤中旋舞動，鏡裏曉粧明。色借仙人掌，歌憐相府聲。因知清净理，香氣入殘更。蕊香津。

山空花外拂，到即倚繩牀。莫遣愁爲府，應知醉是鄉。蘭生迎上巳，菊落就重陽。幸對公榮飲，長年剩鷫鷞。釀墅。

酬遂初雨中出訪郊寺

蕭蕭木落衆峰齊，别有年光在竹西。遥見孤筇尋舊侣，却參半偈到幽棲。心情莫漫疑鷗渚，人物依稀似虎溪。秋葉拾將秋果熟，爲君燒芋更蒸梨。

寄懷李長文謫鹺廣陵

碧山學士輟螭頭，偶向瓊花院裏遊。一斗風流歸李白，二分月色愛揚州。銀毫判罷閒調鶴，錦纜乘來半狎鷗。獨是故人身似葉，夢隨春水到邗溝。

送申鳧盟歸廣平

青帘拖雨暗紅橋，慷慨悲歌轉寂寥。家本趙人差挾瑟，客游燕市罷吹簫。衣冠久已無優孟，道路何曾有孝標？行過漳河驚歲晚，武靈臺下草蕭蕭。

清明同劉克猷熊次侯張繡紫于念劬遊中頂飲祖將軍園亭

將軍射虎獵荒原，歸到藍田闢小園。看竹千竿依緑水，種瓜五色學青門。魏其池館捐賓客，掌武林泉戒子孫。回馬更經山下路，白楊無處不招魂。

范覲公撫軍請告未允招飲署齋賦别兼謝

留侯未遂赤松身，手煮商芝飯故人。霜照轅門飛鳥避，水明鈴閣野鷗親。論心不放芳樽落，惜别都忘畫角頻。君有扁舟須借客，一帆無恙五湖濱。

送朱遂初都諫備兵固原　四首之一

崆峒山勢鬱岧嶤，唱徹涼州意氣豪。蹴踘毬場騰將吏，氍毹箭圃燕賓僚。羌人吹角葡萄醉，宛馬分鬃苜蓿驕。應憶頻年遊處在，鎖廳鐙火掖門朝。

送龔孝升入都　二首之一

一鐙把袂共傾尊，照見長安舊酒痕。花鳥遠攜開畫舫，松筠新種鎖朱門。霜前南菊黄無數，雨後西山翠尚存。分手慰君惆悵意，隴頭歸客足黄昏。

送李石臺督糧蘇松 前任江南學政

桃李春風滿建康，鳴笳千騎出東方。油幢唳鶴蒓絲美，畫舫垂虹粳稻香。韋白湖山探宦蹟，機雲賓佐壓詞場。知君轉餉憂時切，蕭相功成入未央。

竟體溫麗，似韓君平。

送袁顯之遊敬亭兼懷宣城令李勛九

八月潮平一葉舟，梁園詞客冶城秋。爲尋玄草揚雲宅，更上青山謝眺樓。刻燭溪邊傾若下，彈棋花外賭宣州。敬亭高處□相憶，坐看孤雲竟日留。

送張公選還潤州

長江浪穩接中泠，幾點金焦放眼明。桃葉櫂輕隨月轉，柳花門静任烟扃。厨荒易負留人雨，詩瘦難勝送客星。燕乳欲離鶯舌老，寂難聽處是旗亭。

送程清臣歸白門

送君不唱渭城詩，但憶同君遊處時。靈隱孤峰觀海日，廣陵片月落瓊枝。百年絃管留詞客，六代山川老畫師。歸去青門莫惆悵，黄塵易使素衣緇。

蘆　筆

蕭蕭翠菼映芳洲，書畫船如葦載浮。畫荻成灰飛玉綰，織簾垂露上銀鈎。六花夢入棲鴉境，一字銜將雁陣秋。莫笑蘆郎年老大，毛生先日管城頭。

蓮蓬人

不染污泥避激湍，平生獨立任蹣跚。碧筒酒盡浮雲散，紅粉香銷冷露殘。雙袖拂來樵路穩，一裘披去釣台寬。采蓮少婦休相笑，芰服荷衣耐老看。

附摘句：友攜姬入燕：『閒停南國雕龍手，學畫西家落雁眉。』過愍忠寺：『碧山共拄過頭杖，黄葉同燒折脚鐺。』壽雪堂：『歸來栗里貪餐菊，乞得菱湖學種魚。』答莊玉驄：『孤山小隱人招鶴，晚浦遥歸客憶鱸。』送張西渠：『去路鶯花三月雨，全家蝦菜五湖船。』七律摘句：和朱都諫：『雞羽舞花紛過鶴，蛛絲織月巧於蠶。』秋夕：『暫虚鹿洞留雲注，久種龍鱗耐歲寒。』拙公閱詩稿：『敲牀豈識提珠意，借座難爲解帶人。』菜圃：『細雨倚鋤看戲蝶，斜陽抱甕聽啼鶯。』贈施愚山：『晚節諸君非噲伍，虚聲愧我在盧前。』送朱斯之栢鄉：『馮母廟前懷麥飯，蕭王陌上吊羊裘。』獨酌：『天上有星呼李白，人間無地葬劉伶。』

何槃一首

何　槃　字□□。

醒齋兄得孫

春光如蒨復如葱，暖入槐廳荆樹中。喜見兩孫成四代，肯將一日易三公。風華王謝誇江左，月旦陳荀聚井東。我有質言須記取，弟恭兄友紹家風。

何彦國一首

何彦國 字□□，采子，康熙中諸生。

蓼念弟得子

春色溶溶长鹿葱，相輝華萼入樓中。賓筵月滿招紅友，親舍雲深望皖公。何氏聲名山大小，陸家才調解西東。他年莫漫矜門第，丞相家風本素風。

何持國一首

何持國 字蓼念，康熙間諸生。

得　子

種得宜男草似葱，敢言蘭玉植庭中。麒麟入抱慚徐氏，烏雀聞羅愧翟公。五歲恰隨肩上下，一車分坐膝西東。老親爲念含飴切，歸櫂還乘舶趠風。

何隆遇一首

何隆遇 字志合，號石峰。康熙壬辰進士，官安溪知縣。

山　居

落日在山巔，林端已露月。漠漠野烟生，樵歌何處發？

何　循六首

何　循　字質原，號南陔，乾隆乙未進士，官編修，有南轅草、因附齋集。

謝宋春谷明府　二首之一

十日平原傾酒缸，羈愁受壓竟全降。慳囊久罄黄金百，嘉貺真同白璧雙。回首雲山稱北道，他時夜雨話西窗。輕鷗泛水隨東去，浩蕩春波已漲江。

揚州寓樓夜雨　二首之一

世味闌殘竟若何，巖廊未必勝巖阿。青山皖國雁空去，明月邗江客載過。寒戀布衾偏夢少，静聞簷語覺秋多。高樓何處吹長笛？一夜鄉心到薜蘿。

瓜步舟次

紅塵擾擾久嫌繁，入世真同蝨處褌。息羽懶從黃鵠舉，閒心欲共白鷗論。寒江聽雪時攲枕，野寺敲棋晝閉門。混跡漁樵多逸事，始知放逐是君恩。

法源寺同章伴鶴看花　二首之一

古剎春深一再過，十年回首意如何？誰言花事勝前日，桃李不如荆棘多。

曉起步園林　二首之一

去年移疾借還家，藥裹書籤度歲華。瞥眼春光真草草，梅花纔過又桃花。

無題贈程若川刺史　五首之一

家在城南杜若汀，明眸皓齒影俜停。劇憐暮雨蕭蕭曲，不是周郎不許聽。

何揚芳五首

何揚芳　字漱亭，乾隆庚子舉人，有紅藤書屋詩鈔。

雜　詩

清風動簾幙，秋夜何淒涼。蟋蟀發苦吟，惻惻摧中腸。仰視天宇高，列宿自成行。晷景無停時，志士惜流光。萬物競妍華，天心詎有常。桃李媚春暄，芙蓉及秋芳。感物多曠懷，援琴舒憂傷。

月夜同吳穀人家兄燮亭南陔作

幾日看花倦，今宵飲酒歡。春風須盡醉，明月不知寒。共許凌雲易，誰言賦日難。少年各努力，放眼酒杯寬。

送友人官山左

不羨分符早，端知學道深。北風憑贈策，東國想鳴琴。辛苦成名日，艱難濟世心。遥看泰山頂，雲起盼爲霖。

南歸泊瓜洲

秋色滿天地，歸心鴻雁邊。照人瓜步月，倒影蒜山烟。近岸餘殘柳，清歌起隔船。客程隨意宿，昨夜夢幽燕。

入都

北望燕雲暮色開，少年入洛陸機來。秋風匹馬三千里，已近千金郭隗臺。

何英標三首

何英標 字慕曾，乾隆間歲貢生，官建平縣訓導，有彈弈山房詩鈔。

陪學使朱公遊浮山

春山多白雲，朝日東方懸。鶯聲引遊人，嚦嚦歌喉圓。晴霞映丹谷，芳草侵花韉。山蹊窈且曲，樹杪飛流泉。一徑入古寺，老僧笑相延。年少索長告，高軒歡周旋。

同王晴園汪吾山遊齊山

芳草生秋浦，佳人拾翠遊。春山花萬樹，騷客思千秋。名憶樊川逝，詩曾武穆留。登臨輸我輩，嘆息邈前修。

偕王仲卿太守登翠螺山

石磴攀蘿上，雲生襟袖寒。乾坤雙鬢老，江海一杯寬。樓古謫仙去，山青小謝看。千秋名士在，登眺起長歎。

何漢垣二首

何漢垣　字斗南，乾隆間諸生，有怡園詩草。

花下送客歌

林頭曉鶯喚人起，園林今日風光美。東皇時遣剪刀風，剪出嫣紅與姹紫。招邀酒伴三五人，春甕初開緑浮蟻。花間笑酌金叵羅，一吸青天落杯底。海棠開處何妖嬈，清肌細理蒙紅綃。盈盈含露嬌無語，嫋嫋臨風香動摇。江南忽有遠行客，花贈將離酒浮白。樽前愁聽鷓鴣聲，滿地江湖行不得。酒闌燈灺共淒清，好花相對無顔色。花落花開春復春，人生聚散如浮雲。明年此日還高會，檢點同人不見君。

題余氏書樓

巖棲寂寂枕烟蘿，如此幽居別趣多。小閣春寒雲不散，曲欄花滿雨初過。一樽酒熟歡酬唱，五字詩成足寤歌。夜静樊香更無事，聊同丈室坐維摩。

何立休一首

何立休　字守雌，乾隆時布衣，有醉月軒詩草。

上巳　四首之一

烟花三月萬重酣，盡日風光水際探。一曲鶯歌嬌欲醉，漫天飛絮過江南。

何立群一首

何立群　字竚鶴，號觀亭，乾隆時布衣。

雁聲

檻外秋深曉見霜，青霄嘹唳過横塘。聽殘客夢家千里，望斷音書淚幾行。繪水有聲浮陣影，排空成字詠瑤章。故園豈少棲身處，何時飄零到異鄉？

何昌棟二十五首

何昌棟 字東木，乾、嘉間諸生，有蔚青軒詩稿。

雜詩

巍巍泰山雲，膚寸雨遍施。惜纔觸石起，適值飄風吹。飄風無定蹤，遠到天之涯。天涯雖阻長，遇合豈無期？夭矯百尺龍，有雲乃有爲。相從任變化，澤物無非宜。

對酒

富老遜貧少，此言良可悲。昨日甜園讌，開軒俯曲池。竹木費移植，小構亦精奇。園成主人歿，流甜曾幾時？豈不策足早，可惜息肩遲。陶令心自遠，非必機先知。帶束無多日，徑荒已待治。五斗若重戀，一樽何及持。

詠懷

千木踰垣避，臺佟鑿穴隱。養性無奇功，奇在窮能忍。榮匪從人求，問恒自己隕。士輕棄蓬蒿，道易成虀粉。海上有高樓，且有物相引。方欲取梯升，已失浮空蜃。

感懷

貴日有貴交，貧賤交休恃。樂莫新相知，求舊求誰是？舊學於甘盤，忽有旁求旨。南宮散宜生，股肱舊任使。夢中兆非熊，乃心在渭水。蔡澤唱范雎，其説洵近理。夥涉固失詞，恃舊多至此。子陵實解人，高卧終不起。

當君子防未然

智珠飾慧刀，斷水水即斷。匪外八功德，惟弱不可玩。濫觴匯巨川，蟻穴崩高岸。静極忽一動，悔吝乃無算。持此謝落花，慎勿起波瀾。

精語可當箴銘。

偶成

門地豈能皆英才，英才藉之爲根荄。薑匪地辛生因地，女匪媒親嫁因媒。謝玄身逐苻堅北，有叔父安居上台。

重遊王氏園

江上名園如此罕，主人好客客常滿。將軍犒士箭鋒陳，開府拈毫薇露盥。園亭高並龍山高，園水遥通皖水遥。山水悠悠自今古，主人何在園蕭條？地藏迎江兩蘭若，苾蒭供佛殊莊雅。昔時王氏園中寶，移來僧舍浮杯斝。盛不能傳美必亡，承家有子願難償。文章事業尤空屬，不獨名園惜洛陽。

初夏

懷抱蕙風滿，開軒雨正晴。緑陰殊早合，黄鳥故遲鳴。園摘含桃熟，僮驚玉笋生。此時堪煮酒，不爲論豪英。

酬馬雨翁

歲暮倦酬酢，翻然事谷神。酒漿悲逝水，冰雪喜藏春。杖屨朋來告，瀛壺藥未真。止須常主静，自見衣朱人。

感懷

春鳥將雛併一心，幾時離散各投林？紛紛少並烏還哺，戀戀猶聞鶴在陰。病間即都抛藥裹，宦成誰復誦官箴？故知孝匱由妻子，可但房中鼓瑟琴。

妻子備而孝衰於親，仕宦成而忠衰於君。古今一揆，良爲三嘆。

古意爲范西陵賦

聞客江西又楚南，更聞甌越久停驂。半生歲月成鯨擲，到處風花騁馬譚。掌上明珠擎未得，山頭化石望何堪。悠悠二十五年別，消息難從青鳥探。

張阮儕之楚

船開皖口即匡廬，五老殷殷共執裾。入世休尋彭澤柳，依人且食武昌魚。久無健婦能持户，正有衰親切倚閭。得禄不歸歸或晚，鐘鳴鼎食竟何如？

秦良玉像

生天夫婿自英雄，猶賴閨豪出建功。熊虎旗開標石砫，鹿盧劍舞輟絲籠。褰裙逐馬輕飛燕，舒臂彎弓貫彩虹。萬里沙場頻奏捷，畫圖凜凜顯孤忠。

對酒

麒麟閣圮更瀛洲，入望惟添两鬢秋。銜食從人論燕領，擁衾無夢立螭頭。年衰愧復陳三雅，杯冷都辭樹四鍭。自取一尊消一卷，目前身後莽悠悠。

徐藕坪之粤

自同黄鳥止溜隅，數見鵬摶寂若無。五十年來甘下澤，三千里外忽番禺。因君不免望南笑，度嶺差强作客孤。挈得佳兒舟上讀，珠璣落落滿長塗。

藕坪足跡素不出里黨，行年五十，忽應汪夢塘太守之聘，故云。

酬吴南棠

故人貴已施行馬，賤子疏忘遺鯉魚。翻走青衣將幣帛，細看尺素溢瓊琚。上諮三百年來業，下注二千石所餘。更祝萱堂應健飯，感深交誼愧陳徐。

遊子吟

落日驚遊子，浮雲見故人。歸慚江上雁，猶得説來賓。

秋

秋朝稀見日，秋雨尚微雲。木葉蕭蕭下，金風那可聞。

送吴正行之金陵

春漲新添百尺潮，沿堤楊柳雨瀟瀟。大江東去天連水，山色青青見六朝。

贈陳韻壇

花落深深閉訟庭，思親往往看雲停。歸來不作閒居賦，滴露研朱寫孝經。

董北苑秋山行旅圖

烟光凝紫映寒潭，客路經秋我舊諳。風起蔣山還策馬，滿天黄葉别江南。

過姚石卿舊宅

舊窗夜雨共紬思，刻燭曾成幼婦詞。三十年來姚合宅，監奴買得貯紅兒。

留　客

我未擬歸歸已近，君歸尚遠可徐徐。江東秋晚鱸難釣，更待楊花膾鱭魚。

寒食前送客

前期風送清明雨，隨俗簫吹寒食餳。一帶垂楊遮水閣，江南春好客西征。

舟行

一重楊柳一重樓，樓上聲聲黄栗留。却爲緑陰遮不見，但添飛絮惱行舟。

卷十八

方葆馨　王　櫺
徐　裕　蘇求莊　同校

趙　釴二十九首

趙　釴　字鼎卿，號柱野，嘉靖庚子鄉試第一，甲辰進士，累官僉都御史、貴州巡撫，有無聞堂稿。明詩綜系傳：『字子舉，官吏科都給事中、南京太僕。』江南通志：『南太僕卿署在滁，滁故有陽明書院，釴捐俸修之，聚諸儒闡「良知」之學。巡撫貴州，值土舍韓甸稱兵，釴督兵剿之，且奏黔六事，皆議行焉。』郡志：『官刑科給諫，時當爲會試同考，值母年八十，力辭之，竟以冊封，使得歸稱觴。後撫黔，教民引水爲田，黔知水耕自趙始。』方本庵邇訓：『鼎卿幼受書於其兄，嘗言「李令伯願爲人兄，釴願爲人弟」。居省垣，與編修陸樹聲、臬使余文獻、郎曹朱日蕃，俱以能文章名時，稱爲「嘉靖四傑」。嘗闢宜秘洞天，四方學者來館之，雅談終日，纚纚不倦。至縉紳廣坐中，則惟棋酒詼諧，絶口不及文章。爲貴州巡撫日作愛山堂，及歸居麒麟山中，日遊一山，又爲堂於石鼓山，曰「助山堂」。嘗製油幕爲行亭，題曰「但無風雨日，便是卷舒時」。居常選客及其子鴻賜遨遊賦詩爲樂。其勝地有宜秘洞、杏花村、匏園、鷃林、雲巢諸名。後居五嶺山中，有司欲見之，則以病謝。蓋抱沖養和，杜門甘寂居休之體也。』方明善先正編序：『何省齋崛起而談理學，自戴渾庵先生有東林館，趙杜野有宜秘洞，皆有會以講學。』潘蜀藻曰：『公有省吾録，及與羅汝芳、王慎中往還，手書多言存省之學。其爲詩清逸俊爽，談理而無理障，尤爲當時所難。詩文集外，著有古今原始、鷃林子、九彜古事等書。』黄宗羲明文授讀大興寺記後曰：『鼎卿詩文無蹊徑，匠心而作，固是能者。』四庫全書别集類附存目：『趙釴無聞堂稿十七卷。』姚康伯曰：『正、嘉時，有两名臣，一爲廉使齊公蓉川，一爲中丞趙公杜野。中丞以解元成進士，官掖垣時，元宰貴臣之竊威福者，頗羅致一時之雋，而中丞獨蟬蜕自如。及解黔歸，以著述自娱，不通春明一字。』

募兵行

村鼓晝夜鳴〔一〕，官家催募兵。中國本無寇，寇從東海生。十人困一村，百人困一城。官軍不能戰，購士遠從征。民間久安〔二〕樂，不識旗與旌。肥丁不肯〔三〕去，瘦丁不能〔四〕行。百金得一士，但充尺籍名。去者魄已落，送者各吞聲。聲斷復聲起，哀與怨相并。天地生大海，東南爲之傾。波濤爲〔五〕山嶽，魚龍長縱横。倭舟何自來？無乃海波平〔六〕。世運忽〔七〕

如此，陸地走長鯨。一身不自惜，尚慮弟與兄。弟兄有時盡，何時息戰争？

養兵尺籍，平時則虚糜糧餉，有事則雇募鄉兵。讀『官軍不能戰，購士遠從征』二語，知其所由來者久矣。

校記：〔一〕『鳴』，龍眠風雅作『驚』。〔二〕『安』，龍眠風雅作『宴』。〔三〕『肯』，龍眠風雅作『能』。〔四〕『能』，龍眠風雅作『肯』。〔五〕『爲』，龍眠風雅作『如』。〔六〕『無乃』句下，龍眠風雅有『海波如可平，天地亦無情』。〔七〕『忽』，龍眠風雅作『苟』。

雨坐 御選明詩録

捲簾雨初霽，忽聽牆頭鳥。恍似在家時，春眠花未曉。惆悵月還來，殘虹挂林杪。

從軍行 明詩綜選

從軍有苦樂，從軍良不惡。官家選民兵，我軍只守城。民兵負戈戰，我軍立觀變。民兵骨如山，將軍不汗顔。但得我軍在，城墮不稱敗。我軍生死將軍命，將軍護軍如護印。將軍有罪猶堪録，行賞我軍恐不速。莫歎身無衣居無屋，但報寇入邊，我軍有馬兼有粟，如此從軍意亦足！

送錢實夫讀書胄監

去歲與君伯氏別，朔風吹落燕山雪。今日都門復別君，長空萬里流〔一〕春雲。君乘春雲渡江水，石城紫氣當闕起。鳳凰臺上雨初晴，盧龍山下花如綺。此時列〔二〕士盡人豪，圜橋碧水拖方袍。王家禮樂輝星日，闕下人文追謝曹。丈夫得意遇知己，擔簦攝嶠〔三〕相遊遨。下帷但〔四〕究董生業，垂綸看〔五〕釣任公鰲。

跌宕蒼勁，古韻鏗然，有李東川、岑嘉州之風。

校記：〔一〕『流』，龍眠風雅作『飛』。〔二〕『列』，龍眠風雅作『遊』。〔三〕『擔簦攝嶠』，龍眠風雅作『躡屩擔簦』。〔四〕『但』，龍眠風雅作『深』。〔五〕『看』，龍眠風雅作『還』。

喜方東谷遠訪

輶車何處至？鷗鳥又成群。客路多黃葉，故鄉空白雲。羞稱東道主，笑誦北山文。宦況誰堪〔一〕說？ 相知獨有君。

校記：〔一〕『誰堪』，龍眠風雅作『堪誰』。

送憲僉玉泉之官江西兼憶許石城師 明詩綜選

遠出郎官省，言乘憲府車。清秋度彭蠡，明月挂匡廬。手執三章法，胸藏五笥書。應逢許叔晦，作賦擬相如。

宿長安驛〔一〕

纔離豺虎穴，暫憩水雲莊。山色雨中盡，櫓聲溪外長。月明如故里，人語是他鄉。更喜天微霽，前途近岳陽。

校記：〔一〕『驛』後，龍眠風雅有『道中』二字。

自辰州泛舟下桃源適阮憲副至共問勝蹟有感

桃源乘浪至，却喜是仙鄉。兩岸皆秋水，千家共〔一〕夕陽。近村無土著，古渡尚花香。忽報樓船至，欣逢得阮郎。

校記：〔一〕『共』，龍眠風雅作『半』。

避暑同羅侍御秦虹洲遊宥氏園

結廬一何静，流水護柴扉。莫遣鳴騶入，恐驚啼鳥飛。氣交雲樹合，語久吏人稀。共嘆炎蒸苦，臨風賦式微。

鷃村山莊

五世相傳地，三遷始得家。鑿山開户牖，繞舍種桑麻。林外標千堞，雲端列九華。此中堪寄傲，無處不烟霞。

山莊距城僅數里，故城堞在目，天晴南可隔江望九華。

偶卜幽棲境，真成木石居。春來先食蕨，客至旋撈魚。野曠朝觀稼，身閒夜著書。更欣朋好近，徒步及吾廬。

卜居五嶺訪高氏兄弟

五嶺經年望，深春始一行。天從青嶂斷，人與白雲平。解帶追[一]樵伴，寄巢聽鳥聲。從兹來往熟，草木亦知名。

校記：〔一〕『追』，龍眠風雅作『逐』。

琅琊寺

乘興山行六七里，蔚[一]然深秀是琅琊。迸泉百道常疑雨，芳樹千林不辨花。白首何緣來洞壑，青山更喜入官衙。酒酣遍歷磨陀嶺，東晉樓臺隔暮霞。

校記：〔一〕『蔚』，龍眠風雅作『䓻』。

自鳳陽入臨淮乘舟入泗道中漫賦

天府乘春得遍遊，汀雲岸草伴行舟。林深谷口藏山寺，雨細花邊見驛樓。平野幾村湯沐郡，長淮千里帝王州。喜看龍起鍾離處，正是乾文煥斗牛。鍾離縣，洪武初改爲鳳陽。

環山樓獨坐〔一〕

日抱遺經倦眼開〔二〕，千峰回合護層臺。竹窗不閉雲常入，花徑無關鶴自來。淨業苦多名士〔三〕障，閒吟幸少吏人催。支頤獨坐成朝夕，看盡空齋〔四〕長緑苔。

校記：〔一〕『坐』後，龍眠風雅有『有感』二字。〔二〕『遺』，龍眠風雅作『殘』；『倦眼』作『對水』。〔三〕『名士』，龍眠風雅作『清净』。〔四〕『齋』，龍眠風雅作『階』。

環山樓懷盛古泉勳卿

蹤蹟年來惜解攜，白雲天外任東西。君真有道沉金馬，我已無能類木雞。别後形容看漸老，舊時丘壑望偏迷。生平然諾心猶壯，幾度貽書醉懶題。

林未軒由刑曹轉兵曹詩以賀之

四方兵甲正〔一〕紛紛，我亦年來悔學文。籌國今歸小司馬，抗顔誰揖大將軍？新聞韜略傳黄石，舊有才名出白雲。牢落天南望天北，鯨鯢簸海倍思君。

校記：〔一〕『正』，龍眠風雅作『何』。

韓君平『顧步能爲小山賦，成名因事大江公』，此詩三、四句法正同。

寺臺有感寄友人

高樓初〔一〕望柳初垂，野寺閒情只自知。載酒每尋花發處，懷人常在月明時。一官不歎虞翻遠，五岳空憐向子遲。幽谷香泉題欲遍，天涯何日寄相思？

校記：〔一〕『初』，龍眠風雅作『春』。

寶華厓　龍眠山莊詠　二十首之二

物華散天寶，中有不凋木。食之可延年，能令髩長緑。

華嚴堂

雲來山欲沉，雲去山復淨〔一〕。讀罷華嚴經，應識青山〔二〕性。

校記：〔一〕『净』，龍眠風雅作『定』。〔二〕『青山』，龍眠風雅作『山之』。

白龍潭詠龍門沖　九首之三

古藤洞　明詩綜選　御選明詩録

古藤生洞口，不遣遊人入。酌酒坐藤陰，飛泉忽〔一〕相及。

校記：〔一〕『忽』，龍眠風雅作『猶』。

石門

天生石作門〔一〕，千古盤空踞。好封一丸泥，不放流泉去。

校記：〔一〕『門』，龍眠風雅作『垣』。

蓮花峰　助山堂雜詠　十二首之一

欲住青蓮宇，冥心玩物〔一〕化。只是雲霧多，白日在山下。

數截句格意幽峭，寫山中勝境足以招隱，如讀蘇子由題龍眠山莊諸景小詩。

校記：〔一〕『物』，龍眠風雅作『玄』。

題秋亭畫 御選明詩録

亭皋本葉黄，露滴瑤階溼。坐待月華生，捲簾放秋入。

種　蓮

芙蕖半畝白雲圍，賞遍池亭夜不歸。自識簪纓難久戀，乘時先辨芰荷衣。

送曹龍田掌科謫無爲便道歸省

君到家時屬暮春，入門先拜白頭人。登堂只道〔一〕君恩重，莫謂〔二〕今朝是逐臣。

校記：〔一〕『道』，龍眠風雅作『説』。〔二〕『謂』，龍眠風雅作『道』。

蒲圻道中 御選明詩録

百疊青山野霧横，迂回何異輞川行。可憐松老高千尺，不作風聲作雨聲。

燈下海棠 御選明詩録

醉後移檠看海棠，嬌姿如醉半依牆。無端驚起花間蝶，飛撲銀缸亂晚妝。

種　竹

擬返長林製籜冠，一綸占盡白鷗灘。呼兒早種篔簹竹，莫向山僧乞釣竿。

趙鴻賜九首

趙鴻賜　字承元，號樅江，鈇子，萬曆間國子監生，有跪石齋稿。吴應賓趙承元墓表：

『承元初游甑山、天台、盱江之門，號爲得旨。中丞嘗得句曰：「風流點也狂。」承元對曰：「日省參乎魯。」聞者躍然。中丞卒，承元晨興必朝於廟祠，政率而行之。所著一編曰無甚高論，寓諸庸也。』潘蜀藻曰：『先生爲鼎卿中丞子，好古篤行，師事耿天台、張甑山、羅明德諸公，與焦漪園、管東溟遊，嘗延多士爲陋巷會，學者稱爲樅江先生。』齊琦名序曰：『讀先生吟草，眼前情事，矢口成句，如飛天仙人偶游下界，凡氣都盡，即先生淵情時出，不自知其所由。』范一謨序曰：『先生夙負奇偉雄傑之志，而雅薄藝文，委心至道。顧杖舄所至，輒有篇章，不屑屑與王、孟爲冢嫡，而語帶霞氣，字存彜篚，即肆力於此者，望而惝然若有所失也。』龍眠古文：『跪石吟草自序：「邑北碧峯披雪洞，右有題名，爲宋紹聖丙子敷陽王孚、建安陳信、滎陽張嶢、合肥皇甫崧同遊，於其旁得一石甚蒼潤，舁以歸，置竹窗前，而顏其齋曰：『跪石』焉。」』

與江景韓遊龍眠山

龍峰嵂屼插青天，風吹两袖何翩翩。倒騎蒼鹿發長嘯，却遣白雲回烈仙。瑤華滿地堪晨供，石榻三生幾醉眠。盡日酣歌倚修竹，歸來海月向人圓。

同阮堅之何康侯往浮渡山餞劉明府　二首之一

江干將解纜，復作探奇回。地主匏樽候，山靈岫幌開。棠陰留曲徑，松月照寒苔。谷口桃千歲，仙郎幾度來。

玄對樓遲月

把酒揖星辰，火〔一〕風透葛巾。雲間將吐月，樓上未眠人。玉宇看無極，瑤華摘已頻。醉來吹鐵笛，欲跨白麒麟。

校記：〔一〕『火』，龍眠風雅作『天』。

城中草庵與范季直許重卿聽誦經　二首之一

山轉疑無路，橋回倏有堂。泉聲傳梵唄，花氣續爐香。榻冷雲同宿，庭虛鳥共翔。何如蓮社裏，蹙額學柴桑？

奇致閣

潛夫何偃蹇，虛檻淡相依。霧散女牆出，春深官柳肥。拙難謀鵲印，貧不恥牛衣。病骨休嫌傲，新交是翠微。

送匊泉出使還朝

帝城春色遥相待，使節宵征不暫留。花映離筵縈別緒，鶯啼芳樹和鳴騶。有時得句題官舍，幾度攜琴上驛樓。千里懸情燕月下，八行早寄楚江頭。

吴臨川寄余懷歸之作尋擢計部用原韻奉酬

仙令蕭然四壁寒，只今方著侍臣冠。政成百里春猶滿〔一〕，書到千峰雪已〔二〕殘。勾漏玄情應有託，維摩垂手不辭難。羨君計日朝天去，莫問磯頭舊釣竿。

校記：〔一〕『滿』，龍眠風雅作『在』。〔二〕『已』，龍眠風雅作『又』。

對雨

蓬窗面嶺開，嶺下雨聲急。山人捲箔看，一片白雲入。

午睡

駛雨打窗人獨眠，小童閒捉瓦爐烟。瞢騰睡思濃於酒，一卷南華伴枕邊。

趙士先二首

趙士先 字元振，號辰石，釴孫，萬曆間貢生，有甓園蝶庵集。方爾止趙辰石壽序曰：『辰石弱冠即發憤下帷，博聞强識。又嗜詩、古文辭，焚香沉吟，至夜分不輟。家有小築名「甓園」，志勤也。讀書其中，足不踰梱。有時乘輿出郭外，徜徉山水間，竟日忘返。然數奇，屢試不售，辰石春秋已六十矣』。

自秣陵歸抵家藉花齋尚爲人所據感賦

只説羈棲不若歸，豈知歸日尚無依。家鄉乍到猶如客，舟楫雖離未啟扉。亂後一枝誰復有，貧來百事總成非。翻思白下居停處，愁看庭烏繞樹飛。

觀〔一〕玉溆芙蓉有感

秋山如畫映秋光，空憶龍眠舊草堂。十載未尋巖壑勝，芙蓉仍發在横塘。

校記：〔一〕『觀』，龍眠風雅作『睹』。

趙連城二首

趙連城 字聖生，早卒。

贈隱者

千山圍一屋，滿月白雲飛。自食惟憑力，恒年不苦饑。萍鋪新水面，苔結古牆衣。莫下悲秋淚，霜林已賜緋。

别友人

爾我論交久，心和夙有年。韻分明月下，酒對緑楊前。麥湧田田浪，榆飄樹樹錢。春風催判袂，欲别已潸然。

趙相如十五首

趙相如　字又漢，天啟間諸生，有載園詩集。潘蜀藻曰：『又漢家貧，事孀母婉愉，嘗以不得旌爲恨。崇禎求直言，上治平十二策，爲權貴所阻。其爲詩憂君憫俗，婉約深摯，有浣花之風焉。』郡志：『力學嗜古，敦尚氣節，與范世鑑齊名。鄉里稱曰「范經趙史」。喜爲詩，格律直唐中、盛間。』璈按：先生爲史忠正之弟子。龍眠古文：先生上史公書曰：『時艱已極，師以一身係天下安危，直欲與天時人事争所不能爲，奚啻文山再見，變事知權，期於有濟。師之心，婦人孺子知之，而用心之苦，大賢以下有不知也。』先生關心國事，故其言深至如此，而所發於詩章亦多慷慨憂思、直抒襟抱之作。

雨夜

微雨來寒夕，空階有秋聲。衆木何森然，鬱〔一〕爲中夜鳴。久客無所夢，凜此淒肅〔二〕情。觀間任自然，萬物徒營營〔三〕。一念但不起，道心庶〔四〕此生。

校記：〔一〕『鬱』，龍眠風雅作『齊』。〔二〕『淒肅』，龍眠風雅作『肅殺』。〔三〕『萬物』句下，龍眠風雅有『始知天地大，至教難爲名』。〔四〕『庶』，龍眠風雅作『繇』。

招寶山觀海 明詩綜選

江山積旅吟，芳思入寒碧。一葉窮東南，歲盡不知客。乘潮胡所之，遠挂蛟門席。朔風揚怒波，海天势欲割。遥空〔一〕不可支，更上高高石。回眄諸峰雲，已绝飛鳥迹。太虚夫何心，晝夜此潮汐。成連既已逝，清響将誰格？而我撫孤絃，长嘯弄烟隙。

校記：〔一〕『遥空』，龍眠風雅作『空遥』。

薛仲翊見遺近著賦贈

高天月倒〔一〕空江裏，華雲夜陰巢湖水〔二〕。溯洄遥問草堂人，一編手拂〔三〕雄風起。憶昨黄巾起湖畔，湖流盡赤人烟斷。聞君辛苦脱網羅，乞師慷慨淩霄漢。可笑中原行路難，大纛高牙半賀蘭。只今三度嘶驕馬，不見孤城心膽寒〔四〕。多君考古觀兵地，東顧石頭北淮〔五〕泗。娓娓千言苦不休，預爲桑土綢繆計〔六〕。憐余病骨苦秋風〔七〕，愧不跳身事五公〔八〕。君今俠槩多材武〔九〕，何事銜杯醒醉中〔十〕。吁嗟乎！中原沸沸洪波似〔十一〕，仗劍關弓呼騄駬。君言客意竟何如，明日長安獻天子。

氣格清蒼，揮斥自喜，茶陵、信陽可爲後勁。

校記：〔一〕『月倒』，龍眠風雅作『寒榻』。〔二〕『巢湖水』，龍眠風雅作『居巢水』。〔三〕『拂』，龍眠風雅作『握』。〔四〕『不見』句，龍眠風雅作『孤城不見登陴者』。〔五〕『淮』，龍眠風雅作『鳳』。〔六〕『綢繆』句，龍眠風雅作『能爲桑土善綢繆』；下有『梁甫高吟夢未覺，長沙太息淚頻流』。〔七〕『苦秋風』，龍眠風雅作『殊草草』。〔八〕『愧不』句，龍眠風雅作『澄清愧不致身蚤』。〔九〕『君今』句，龍眠風雅作『看君俠槩當封侯』。〔十〕『醒醉中』，龍眠風雅作『空潦倒』。〔十一〕『中原』句，龍眠風雅作『天下大勢已如此』。

唐昌即事

一邑群峰裏，清齋晝不紛。樵聲驚卧犬，石徑宿寒雲。引衲搜遺事，看碑想斷文。應憐遊子意，閒醉向斜曛。

美人鼓瑟

綺閣調宫徵，閨情不自繇。數峰江上曲，一葉洞庭秋。玉笋流香韻，金風送遠愁。此時天際客，寒雨滿孤舟。

同葉潛之飲朱綬若宅

東海辭秦帝，夷門送魏〔一〕軍。古人高樹節〔二〕，之子更誰〔三〕群？積雨深秋色，清樽過夜分。欣陪知己話，劍氣欲凌雲。

校記：〔一〕「送魏」，龍眠風雅作「鼓晉」。〔二〕「樹節」，龍眠風雅作「若輩」。〔三〕「誰」，龍眠風雅作「超」。

友人過山齋

秋山黄葉裏，客至共銜杯。種樹雲嘗護，開門月自來。霜嚴威欲勁，禽定影無猜。不覺清言永，燈花已數開。

同君如諸子集葉明府春暉堂

十日春風集畫堂，烟雲夜夜引樽長。清言盡入梅花韻，綺氣遥分蕙草香。世界不容嵇叔懶，江天尚見次公狂。對君多少悲歌意，潦倒難禁雨一牀。

寄張恢生 明詩綜選

頻年失意氣難平，聽爾悲歌百感盈。朝議偶然行薦舉，家貧終不脱諸生。春來寒雨喧金斗，江上秋風半〔一〕石城。典盡鷫鸘還命醉，中原何日罷談兵？

校記：〔一〕『半』，龍眠風雅作『到』。

甲申春初感事

群策勳名在鼎鐘，英籌何日殪元兇？十年議撫煩司馬，五等〔二〕新班起卧龍。河伯威能争豫壤，泥丸隙竟潰函封。荒原萬里春田草，隴上誰明盛世農？

楊、熊諸人以撫賊誤國，至此時賊已決河灌大梁，孫白谷出關戰歿，勢不可支矣。

校記：〔一〕『五等』，龍眠風雅作『四爵』。

從李彦卿贊畫乞醫方

瓊田時有草芽香，道力還於入世長。屢擁貔貅摩赤羽，閒馴龍虎搗玄霜。孤心近日衣惟白，半夜開書石是黃。意氣天涯知己重，衰顔輕竊上池方。

詠古

琴心誰辨手中絲？買賦千金又一時。若使當年無漢武，高才惟有婦人知！

江南曲　四首之一

樓船簫鼓動江城，長板橋頭落日橫。少婦不知烽火急，櫂歌猶唱鳳陽聲。

海上詞

大汎先春整畫旗〔一〕，艅艎多載佛〔二〕狼機。占花〔三〕只俟清明候，結束軍門看打圍。

校記：〔一〕『旗』，龍眠風雅作『旂』。〔二〕『佛』，龍眠風雅作『伏』。〔三〕『花』，龍眠風雅作『風』。

西湖即事　二首之一

平堤霜徑草萋〔一〕迷，載酒湖邊手自攜。攬勝漫尋歌舞地，孤懷吟過段橋西。

校記：〔一〕『萋』，龍眠風雅作『全』。

趙襄國九首

趙襄國　字以贊，號東岑，康熙間州同職，有紹聞堂集。王咸平曰：『以贊能繩其祖，咀嚅道味，其於性情之業茂矣。晚躭禪，悦於世間興亡、治亂、生死、可泣可歌之事，盡託於禪。』顧茂倫曰：『趙子詩清真和雅，絶去矜囂。知其爲人必恬淡寡欲、志凝氣静者也。』姚磐青曰：『東岑繩牀經卷，穆然性天，圭組不能爲之榮，得失不能易其樂。』

詠　懷

匣中有神物，産自昆吾溪。陸可剸〔一〕犀象，水可斷鯨鯢。永夜作龍鳴，臨風思奮飛。紫氣上干霄，牛斗爲增輝。雷煥不復作，無人辨雄雌。何嘗自拂拭，爲君吐虹霓。

徂徠有喬松，枝幹百餘尺。黿蛇蟠其根，歲寒傲霜雪。天生棟梁用，不與凡材列。却笑桃李姿，天〔二〕冶競春日。顔色非不美，能得幾時節？一作東風塵，誰人復攀折？

抒意振音，希風越古。

校記：〔一〕『剸』，龍眠風雅作『斷』。〔二〕『天』，龍眠風雅作『夭』，是。

與諸君子集問齋宅〔一〕

春風入簾幕，好鳥喧南枝。草色緑〔二〕猶淺，梅花尋未遲。潁川啟高會，新樽招舊知。意氣投夙昔，歡娱重芳時。耆英推長列〔三〕，酌〔四〕酒以介眉。何允久斷肉〔五〕，伊蒲饌不辭。夜半頻投轄，酬酢不〔六〕忘疲。獨笑太常客〔七〕，因君爲解頤。

校記：〔一〕龍眠風雅詩題作上元前二日同諸子集問齋宅時將有中州之行拈知意二字。〔二〕『緑』，龍眠風雅作『看』。〔三〕『長列』，龍眠風雅作『最長』。〔四〕『酌』，龍眠風雅作『借』。句下龍眠風雅有『花課自此始，刻燭共吟詩。良宵絃管遍，燈火已交馳。老大憚喧鬨，惟於雅集宜』。〔五〕『何允』句，龍眠風雅作『何胤肉所斷』。〔六〕『酢不』，龍眠風雅作『唱各』。〔七〕『獨笑』句，龍眠風雅作『花笑長齋客』。

聞笛

燕子磯頭暮吹笛，浦雲不飛江月蝕。尋常聽此已〔一〕堪悲，况是天涯楚〔二〕歸夕。江聲嗚咽如不流，敗蘆拍岸風颼颼。一吹已驚棲雁起，再吹還接斷猿愁。餘音縷縷淒然久，遊人還客皆回首。城南思婦泣關山，塞北征人怨楊柳。東舷西舫寂無譁，一片蒹葭帶露華。故園今夜龍眠月，落盡寒梅幾樹花？

校記：〔一〕『已』，龍眠風雅作『自』。〔二〕『楚』，龍眠風雅作『夢』。

謁大〔一〕父徵君墓

喬木徵君墓，深山車馬稀。殘燈沉古寺，空翠溼春衣。時代两朝隔，家門萬事非。拜瞻清淚落，細雨趁人歸。

校記：〔一〕『大』，龍眠風雅作『王』。

送方當時之錫山〔一〕

才名久已重方干，三徑初辭赴一官。江路蒹葭催去舫，秋風苜蓿薦新盤。草成奇字傳家學，釀有清泉佐母歡。君到東林瞻往哲，荒祠喬木葉〔二〕聲寒。

校記：〔一〕『山』後，龍眠風雅有『博學』二字。〔二〕『喬木葉』，龍眠風雅作『木葉墜』。

哭雷介公

鬼蜮含沙亂掖庭，孤臣烈氣晝冥冥。九原獨表〔一〕葵心赤，千古長垂竹簡青。杜宇春深空泣血，銅駝夜半有精靈。人亡邦國那堪問？野客傳來不忍聽。

介公之與勒卣死於南都將破之時，馬、阮銜恨諸人，甘心亡國，必欲殺之，結末直賦其事也。

校記：〔一〕『表』，龍眠風雅作『抱』。

病中感懷兼柬左子直子厚

八月山城聽雁聲，秋聲同病故人情。門前黄葉隨風積，匣裏青萍對月鳴。歌到招魂悲屈子〔一〕，悲來飲酒憶荆卿。但聞都〔二〕下旁求詔，多少賢才赴舊京。

校記：〔一〕『到』，龍眠風雅作『罷』；『悲』作『懷』。〔二〕『但聞都』，龍眠風雅作『新朝昨』。

金陵感述

白門楊柳正啼鴉，舊苑春深鎖落花。鍾阜曉雲〔一〕當殿出，秦淮流〔二〕水繞城斜。空聞玉樹傳遺曲，難向烏衣問故家。昔日酒旗歌板地，幾人輕舫載琵琶？

校記：〔一〕『雲』，龍眠風雅作『峰』。〔二〕『流』，龍眠風雅作『烟』。

河墅和潘木厓

宜民門外碧山長，最愛幽居在古塘。是處桃花〔一〕無晉魏，何妨栗里不羲皇。四時風月尋詞客，萬壑烟霞納草堂。向晚樵歸田畔路，荒村深樹帶斜陽。

校記：〔一〕『花』，龍眠風雅作『源』。

趙　鑄八首

趙　鑄　字良耜，康熙間諸生，有柏巢詩稿。

詠懷　十九首之二

却步邯鄲道，思遇平原君。飲我酒十斛，壽我金百斤。金悉付酒家，可以得長醺。道旁一田父，大笑我所云。平原骨已朽，好士者無聞。何如隱避世，廢書事耕耘。甫田皆種秫，瓦盆新釀芬。翻然決所從，醻酢通殷勤。

負手立山陂，悠悠動我思。所思極兩間，浩蕩無津涯。媧皇補已久，杞者憂正癡。有身乃足患，何如未生時。掆巾脱擲地，揮淚灑風悲。難以告人處，自蒙彼蒼知。縫葉却嚴寒，烹石驅恒飢。仙可學而成，移文詈三尸。

暮春書懷　十二首之一

世途多缺憾，感喟意何居。歸鶴語華表，征蓬翔太虛。求賢聞下詔，捫腹惜無書。自食堪憑力，三時不釋鋤。

其八句：『澗蒲學舞劍，山歲怒擎拳。』其十句：『檐鵲多饒舌，窗蕉自吐心。』

贈項子

士林競説項，丰度孰能如？名下無虚士，胸中有異書。卜居愛委巷，得子慶充閭。槐影横階碧，呢喃燕賀初。

季春答友人

春去三之二，寂聊無與親。薄披走馬月，遥待射蛟人。錦韉衝泥至，瑶函出袖陳。啟緘斜坐讀，花片拍簾頻。

螢　火

清秋曠野古荒汀，引類呼儔冷焰青。休道前身由腐草，試看奮翼若明星。渚邊影列犀燃照，閣内光同杖吐熒。我欲夜遊攜伴侣，不須秉燭到花亭。

海棠花盛開

露重芒鞋溼，爲探花信來。雨師昨夜過，賺得海棠開。

贈石城上人

樂處深知世外賒，山門不閉野雲遮。鐘魚聲歇宫綾掩，數卷楞嚴與法華。

趙紳七首

趙紳 字泰東，號藕塘，乾隆間諸生，有藕塘詩鈔。李敏第曰：『趙子泰東，家在〔一〕公麟圖畫世傳松雪風流。早歲能文，雅擅機、雲之譽；英年工賦，群推沈、謝之才。磊落不羈，清芬可挹，脱略時輩，追逐前賢。曾爲出塞之音，春度玉關梅笛；還作大梁之客，筆凌嵩岳峰雲。』

校記：〔一〕『在』疑爲『存』。

秋山晚坐

深林夕澄霽，東軒有餘閒。開簾一以眺，水石正蒼然。游魚浮荇藻，澗響鳴秋山。晚翠掩松杉，巖壑媚清泉。時有歸飛鳥，遠與白雲連。悠然與心會，有酒傾一樽。酩酊無所知，明月照柴門。

藕　塘

出郭不數武，翛然遠塵氛。林塘幽且邃，灼灼芙蓉繁。宛在秋烟中，脉脉不得言。清風颯然至，脱我頭上巾。時有田父來，飯牛菑東原。欣然話無已，與之相傾樽。遥見伯時居，返照入松雲。上有采樵路，依依麏麚群。擷我澗中花，將以遺夫君。夫君不可見，秋水暮潺湲。

舟泊天門山

大江風雨後，帆影落巇㠍。峰斷雪藏岫，林空鴉點枝。舟排疑入闥，山對近横楣。有景那能道，千秋白也詩。

出居庸關

鳥過夕陽斜，停鞭望眼賒。一關當碧落，千嶺護中華。山峻疏雲木，城長接海霞。坐看今夜月，峰外起邊笳。

長干寺

挂席白門前，招提欲暮天。雲空千丈塔，鐘動一林烟。春雨吴山寺，江花楚客船。長干當户外，别柳自年年。

皖江雜詠

皖公山下大江流，日暮登臨江上樓。遥指夕陽春草外，隔江山色是池州。

湖上漫興

平湖秋水漾晴波，十里花開向晚多。欲櫂寒烟待明月，隔汀風散采蓮歌。

丁九淵二首

丁九淵　字□□，號一竹，弘、正間處士。

館從弟和衷家傍銅父墓有感

銅山之陽，有堂殖殖。偕我良朋，以作以息。維實斯崇，維善斯作。誰其尸之，萬夫之特。

銅山之陽，有木森森。偕我良朋，鼓瑟鼓琴。有實其積，載好其音。匪云寡和，欣此同心。

丁　倬二十二首

丁　倬　字彼雲，號漢公，順治間諸生，有髻山堂詩集。孫枝蔚序集曰：『彼雲詩，其體磅礴，其音平和，於古人不專主一家，惟其意與力之所至而歸於清真。向嘗與友論桐城詩人，如方爾止之學白，錢幼光之學張、王，皆才子之最也。今讀哭爾止詩云：「錢子遭禍方子死，近來吾道不堪論。」彼雲與二子相得如此，宜詩之粹然一出於正也。』鄧漢儀序曰：『彼雲姿度偉異，能讀等身書，而又瀏覽東南江山之奇秀。所與交皆當代之勝流，故其詩近乎堅蒼，抵於卓邁，而古體尤極頓挫跌宕淋漓之致。』潘蜀藻曰：『彼雲好古博學，鋭意詩、古文辭，髻山詩集殊爲大雅不群。顧自幼遭寇難焚掠，其大母與父及世母皆死於難。歸草堂後，一子能文亦夭，其遇亦可悲矣。』

詠　懷　十首之一

盜跖報東陵，夷叔報西山。天心固自奇，世俗難與言。小報報以福，大報報以年。丈夫立志節，千載永稱賢。富貴苟不義，身死名同淹。千駟與首陽，言之自文宣。至今西山石，清風有綿延。

『小報』二語精確不磨。

山　居　六首之一

山鳥鳴我林，山月入我室。遭逢既不偶，何得輕蓬蓽。鹿門壟山禾，彭澤田中秫。此中故有人，勞矣不如逸。莫嫌犁柄長，犁長穩如筆。

雜感　七首之一

誰謂東海深？千尋亦可期。誰謂黄河曲？窮源循其楣。峩峩九折坂，視之坦且夷。鬱鬱七盤嶺，高步相追隨。哀哉不可極，人心過九嶷。

東隣〔一〕

東隣有富貴，往昔事詩書。翩翩守縫掖，終年坐寒廬。中道棄擲去，慨然事鹽魚。端木殖屢中，計然智有餘。千金一朝致，焜耀〔二〕起華居。繡户春風暖，雕櫺夜月疏。堂前列珍錯，室内羅瑤琚。嗟哉西隣儒，枵腹賦子虛。讀書枉歲月〔三〕，視此復何如？

校記：〔一〕龍眠風雅詩題作雜感。〔二〕『焜耀』，龍眠風雅作『輝煌』。〔三〕『枉歲月』，龍眠風雅作『不得志』。

舞碟行

中丞夜讌華堂清，銀燭輝煌張高檠。後堂家伎饒新聲〔一〕，優童隊隊美如英。不用鐘鼓聲硠砰〔二〕，琵琶箜篌挾〔三〕鳴箏。兩童眉目可憐生〔四〕，内家妝束身〔五〕盈盈。羅襦繡裙燦兩楹，白玉雙碟手中擎。金鈴十二流蘇明，頭上燈椀光熒熒〔六〕。口銜曲箸如倒莖，紅燭〔七〕爛照氍毹平。兩人對舞相送迎，迴旋轉側〔八〕飛燕輕。五花被體光炫睛，燈椀不動蠟中盛〔九〕。舞罷發歌聲傾城，絃聲切切鈴聲鳴。歌喉嬌轉語〔十〕流鶯，司空見慣不勝情。筵前座客皆魂驚〔十一〕，連朝痛飲頗病酲。對此踴躍重稱觥，不見當年酒未傾，已報城頭月五更。

校記：〔一〕『堂』，龍眠風雅作『庭』；『伎』作『樂』。〔二〕『硠砰』，龍眠風雅作『錚錚』。〔三〕『箜篌挾』，龍眠風雅作『絃子夾』。〔四〕『兩童』句下，龍眠風雅有『膩姿倩質美人名』。〔五〕『身』，龍眠風雅作『何』。〔六〕『熒熒』，龍眠風雅作『晶瑩』。〔七〕『紅燭』，龍眠風雅作『燭花』。〔八〕『迴旋轉側』，龍眠風雅作『轉側身比』；句下龍眠風雅有『驚鴻回雪難其評』。〔九〕『臘中盛』，龍眠風雅作『同生成』。〔十〕『語』，龍眠風雅作『宛』。〔十一〕『筵前』句下，龍眠風雅有『疑是雙成與飛瓊』。

捕盜行

不捕盜，盜心寬，乘舟走馬無人闌。借問有盜何不捕？人間〔一〕哪得知其故。於今新令敢不遵，一家被盜官爲民。所以有盜不敢陳，鼠盜公然能殺人。君不見前村失盜當白晝，星夜報官官不究。

自吏議嚴而官懼墨，譴其弊，如此可爲炯鑒。

校記：〔一〕『間』，龍眠風雅作『問』。

舟泊皖江仝姚聲侯望塔燈感賦

古寺浮屠出，風燈徹夜明。珠光懸歷亂，星影望縱横。佛力光輝大，江天氣象生。民間烟火斷，獨照梵王城。

結末慨乎其言情深民瘼，固非泛作賦詠。

贈姚小山德安

折腰良不惜，掣肘奈如何？ 地瘠糧偏重，途衝役自多。 但聞歌愷悌，豈諱拙催科？ 利器當盤錯，羔羊日五紽。

浮　山

似窮禹穴讀秦碑，想見洪荒結撰時。 九帶棋殘開士少，半窗詩在和人誰？ 就〔一〕中老我夫何恨？ 此外看山總不奇。 何〔二〕幸張公與陸子，得留名姓石間垂。

山有張公岩、陸子岩。浮山奇峻空靈，多岩洞之勝，淮南看山固爲佳境，六語非溢美也。

校記：〔一〕『就』，龍眠風雅作『於』。〔二〕『何』，龍眠風雅作『可』。

田家樂

瘠田頗足供朝餐，亞旅同勤力亦寬。積穀每防春後貴，采薪爲備臘中寒。瓜蔬雨過生三徑，兒女燈前笑一團。惟祝百年無個事，自甘粗糲樂平安。

此爨下婢所同解者，詩格宛然香山。

入大司空董公幕

平生踪跡總天涯，烏鵲飛飛又一枝。人信馬周能具草，我偏匡鼎愛言詩。落霞秋水滕王閣，芳樹晴湖孺子祠。他日胡牀共陪座，分曹賭詠敢相辭。

清明日憶孫子穀

佳晨三載共留連，載酒尋山古寺邊。落日醉眠芳草路，春風詩寫雨花〔一〕天。騷人竟卧麒麟塚，稚子初焚蝴蝶錢。遥憶野棠花發處，聲聲杜宇最堪憐。

校記：〔一〕『雨花』，龍眠風雅作『艷陽』。

江城觀校軍士

戟門射罷尚鳴刁，振旅從容士不囂。緑樹影穿旗正正，畫牆人散馬蕭蕭。秋風紫塞堪擒將，落日黄雲好射雕。未雨自須綢牖户，重喬甯止事逍遥。

癸丑初度

白眼青氈舊布衣，行蹤鹿鹿與心違。百千萬事已如此，四十九年都是非。舊帙老魚慵蠹食，夕陽倦鳥尚高飛。笑看鏡裹髭鬚好，爲摘霜毛漸已稀。

哭亡兒巘

忍痛臨岐何嘿嘿？懸崖撒手太匆匆。怕留一句傷心語，流入雙親苦淚中。地老天荒愁莫解，海枯石爛恨何窮。恰如一片飛花影，辭樹無言逐曉風。

兒病即不能語，兩日而逝。

梅花和于忠肅詩一韻百首　録一

寒威凜冽愈生神，濡腐含毫詠未真〔一〕。鶴氅閒披王孝伯，蛾眉淡掃郭〔二〕夫人。甯甘雪徑披〔三〕香玉，不向紅亭惹市塵。早占東風君不識，柳亭漏洩始知春〔四〕。

新柳句：『欲垂青瑣條初軟，即覆長堤緑未成。王孫歸意先春草，少婦愁心逗翠樓。』題齋壁句：『鷗鳥乾坤何泛泛，蠹蟫日月總匆匆。』

校記：〔一〕『濡』，龍眠風雅作『含』；『含』作『銀』；『未』作『不』。〔二〕『郭』，龍眠風雅作『虢』。〔三〕『披』，龍眠風雅作『藏』。〔四〕末二句，龍眠風雅作『桃李無言還自笑，東風猶説遜伊春』。

子夜四時歌

郎愛芍藥花，不如愛桃李。芍藥雖嬌盈，桃李能結子。

秋雨聲

小閣疏櫺户巳扃，凉〔一〕宵細雨一燈青。階前錯種芭蕉樹，點滴空庭徹夜聽〔二〕。

校記：〔一〕「凉」，龍眠風雅作「清」。〔二〕「點」，龍眠風雅作「滴」；「聽」作「醒」。

白鵬

雪徑雲欄立素衣，當軒顧盼有光輝。爲因躑躅雕籠内〔一〕，却羡簷牙瓦雀飛。

校記：〔一〕「内」，龍眠風雅作「窄」。

哭何懷仲

我瘦君肥自昔時，君常憐我病如絲。即今蒲柳經秋〔一〕在，風折梗楠合把〔二〕枝。

歲歲傷心説鄧攸，也從鑾素逐〔三〕風流。黄金買得名〔四〕姬在，空閉春風燕子樓。

燕子樓中能居關盼，較用盡黄金教歌舞，旋屬他人者，異矣。

校記：〔一〕『經秋』，龍眠風雅作『纖纖』。〔二〕『把』，龍眠風雅作『抱』。〔三〕『也從鑾素逐』，龍眠風雅作『幾番人種覓』。〔四〕『名』，龍眠風雅作『吴』。

子規

劍門含淚向南天，啼血三更幾歲〔一〕年。野鳥解知〔二〕亡國恨，不應千古有劉禪。

人之無情，乃不如鳥。

校記：〔一〕『歲』，龍眠風雅作『萬』。〔二〕『知』，龍眠風雅作『懷』。

丁易一首

丁易 字若千，號東田，康熙間諸生。

赴金陵

片帆高挂大江秋，直渡天門泊石頭。雲裏鍾陵横北極，六朝佳麗一江收。

丁舟巘三首

丁舟巘 字玉友，倬子，早卒，有掃烟樓遺詩。

夜坐

春氣暖殘更，銀釭滅復明。亭空山逾静，月澹鳥無聲。溪籟摶風入，花光染露成。荒村多吠犬，莫使夜猿驚。

冬日舟〔一〕行

梅花含蕊雪初晴，一騎銜寒傍晚行。落日沙前回雁冷，孤雲天外挾風鳴。沿江白水堅成渡，斷岸黃蘆折有聲。遥憶青氈當改歲，敝裘永夜不勝情。

校記：〔一〕『舟』，龍眠風雅作『洲』。

春望有感

柳暗花明燕語時，春風極目向天涯。堤邊多少相思樹，何事〔一〕垂楊管別離。

校記：〔一〕『何事』，龍眠風雅作『不獨』。

丁永烈一首

丁永烈　字瑜量，號花岑，康熙間諸生，有黛岑堂集。

梅吟追次高季迪原韻　三十六首之一

姿容濯立藐姑仙，不與群芳競世緣。秋水爲神玉爲骨，空明如畫淡如烟。三冬欲盡時驚晚，萬卉無華韻獨妍。寒沍冰凝頻耐冷，安排有意自先天。

三、四集成語作對，自然警切。

丁　鍾四首

丁　鍾　字佩聲，號恕堂，雍正間貢生。丁氏家傳：『公踐履篤實，不事外交，潛心程朱之學，從遊者甚衆。著有周易發蒙、恕堂文鈔，均已散佚，僅存詩數首。』王悔生曰：『恕堂詩多宋調，亦間有唐音，如郊行云：「花黏雙屐雨，麥漲一畦雲。」梅花云：「聲高玉笛春初動，夢入孤山鶴不知。」此類俱可諷誦。』

嘯　臺

我有無絃琴，清音特高妙。彈之無人知，曲高成寡調。聞君有高臺，攜來發長嘯。松濤回大壑，天籟發萬竅。君既默無言，徒然萬古吊。明月升中天，耿耿爲余照。

丁廷樞云：『此詩刻於蘇門石壁。』

同人遊虞山

三吴春暖波油油，江水滿地鋪不流。虞山隱約起屏幛，望同方丈凌仙舟。鐫紅刻翠寫圖畫，暮靄朝暉弄狡獪。雙劍高從天外懸，長虹陡落松間挂。劍門拂水諸勝。人家樓閣蒼烟裏，葱蘢玉樹紛紅紫。采藥公子不可回，應爲此中丘壑美。我來吴下忽三年，白雲幾次相招延。籃輿未辦選勝具，夢魂空繞丹崖巔。曉來提壺忽唤醒，遥從洞口呼溪船。拄杖促買雙行纏，不待紅日升東懸。拂水莊前半雲霧，破山寺古通樵路。遺跡當年一炬灰，絳雲樓榭知何處。猶憶春風殢華館，午夜裁牋燒燭短。知音最是柳枝娘，冠蓋門前屨常滿。詞客争來拜下風，簾前一許如登龍。戎裝小隊自結束，想見明妃沙塞中。金陵遺事：『弘光時，錢宗伯妾柳氏一日騎馬插雉羽，作優伶昭君出塞狀，出南門，人大駭。』可憐姚黄第一枝，嶺南才子賦新詩。彩筆當場署魁首，春城争羡大科奇。狀元亦是人間有，題名香閣真無偶。神仙福分大羅人，從今不羡金懸肘。誰知忠骨自嶙峋，到底不愧鬚眉人。迴看中書黑頭者，彦回依舊居要津。作詩笑向山靈問，溪壑聞此倘爲愠。

格調似高青丘、曹善才諸作。

舟　曉

秋江乘曙發，歷歷畫圖間。一櫂荒雞路，孤篷落木灣。星寒猶在水，霧曉欲沉山。最羡沙邊鷺，雙溪特自閒。

郊　遊

幾日傷春歎轉篷，偶然閒步石橋東。桃花小笠清明雨，柳絮輕衫上巳風。游女采桑歌緩緩，歸樵争渡話匆匆。西南已見纖纖月，一曲如銀挂碧空。

丁濤二首

丁　濤　字口口，號省齋，諸生。

讀　史

阮公七賢流，詞藻時高妙。當其哭途窮，豈曰無控告？爰登廣武城，痛哭抒長嘯。曠代無英雄，豎子殊堪笑。跌宕魏晉朝，風骨特排奡。誰謂禪代時，遂出手中詔。所異成濟流，推刃未出鞘。矯矯清流人，竟欲附懿操。可恨名千古，舉世曾莫校。寄託感無端，無乃過顛倒。誰謂嵇生琴，得與賦同調？

李泌隱衡山，高風何矯矯。靈武招之來，遂使唐再造。善處父子間，所補豈云小？衣白者山人，一見皆傾倒。不肯受高官，見幾原獨早。降及代憲間，朝端尤草草。偏以懶殘言，領取宰相好。導引學張良，詭怪殊杳渺。白雲在深山，豈不足幽抱？神龍見空中，所得唯鱗爪。釋此不爲言，家乘豈能表！

史謂鄴侯家傳多誤。

丁潤六首

丁潤　字玉山，乾隆間諸生。

前蜀宮詞

宮中日盼彩雲飛，鳳舞麟遊自古稀。若向怡神亭上望，大徐妃又小徐妃。

九日宣華晉壽觴，清遊狎客正排當。如何入耳笙歌沸，偏有嘉王淚數行。

唐宋謂宮内讌爲排當，見南宋書。

青城叠嶂起龍樓，錦隊歸時發浩謳。共道無愁天子樂，昇平一曲打涼州。

危冠矮髻湧蓮花，仙袂飄飄泛綵霞。始識上清真富貴，歡情任意杜蘭家。

龍舟畫舸照江明，朝罷乎玄又太清。昨夜玉宸皇帝降，分明嶺上聽吹笙。

年年此日子來山，獵火旌旗徹夜還。今爲彭州添故事，何妨暫住錦屏間。

丁瑷珍一首

丁瑷珍 字霽峰，乾隆間廪生。

河 豚

江味數新鮮，河豚驚怪愕。當其出水時，楊花正飄泊。眼似穗燈紅，腹如垂底橐。擁腫不自伸，膀脹難跳躍。有時怒氣施，長鳴聲閣閣。其下白如肪，其上黝如鰐。黄離間中央，斑剝同黄雀。漁人設網罟，翩然來綽綽。鼓刀奏砉然，烹庖登鼎鑊。皮可鞔鞉鞞，腴不數雞臛。就中白玉脂，膚凝不受膜。名以西施乳，豈知酥與酪？羹將蘆笋和，美勝江瑤錯。芳騰釜底香，匙流口上臄。卦位叶中孚，老饕恣大嚼。亦聞多殺人，百病昏然作。由來造物心，甚美必甚惡。寫河豚情狀，惟妙惟肖。

丁 焕六首

丁 焕 字子高，號梅岑，乾嘉間諸生，有梅岑詩集。

方竹杖歌

方山之陽産方竹，飽歷風霜在空谷。斷來作杖寄遠人，幽情頓覺温如玉。噫嘻竹杖豈爲奇，如何獨貴此君姿。圓者恒多方者少，物情貴少珍之宜。我今覓得三四箒，攜取歸時贈老友。留將一杖什襲藏，他日登山常在手。

入霞城

歷盡岡巒路漸平，章安遥見斷雲横。雙峰塔影摩天碧，一道江流抱郭清。近水人家懸酒旆，沿堤茅舍有鷄聲。竹林望處炊烟暗，風雨衝寒正入城。

和劉司馬秋日雜興　四首之一

信步階前手自叉，衙齋住久便爲家。詩成每寫芭蕉葉，髮短時簪茉莉花。東望黑遮山外雨，西瞻紅點晚來霞。剛逢竹榻眠初起，活火爐頭正煮茶。

夏夜

碧天如水冰輪白，烟影浮空同一色。謖謖松風鳥語驚，盈盈草露蟲聲溼。

春閨怨

懶爇金爐百和香，倦抛殘繡依紗窗。可憐何似春歸燕，婉轉雕梁恰一雙。

斑竹嶺 二首之一

百丈危崖紫氣横，倒懸松柏作濤聲。朝來一雨峰頭暗，身在仙霞窟裏行。

卷十九

方聞　王樾
江有蘭　蘇求莊　同校

戴　完三首

戴　完　字仲修，號渾庵，嘉靖甲辰進士，官貴州副使。江南通志：『官刑部郎時，嚴嵩柄國，念其名高，冀其私謁，竟不往。會同部郎張翀劾嵩，杖戍。嵩偵其疏與完合草，遂出補貴州僉事。後託疾歸，研窮理學，張甑山、羅近溪、耿楚侗、王龍溪往復論難而多所發明。家居四十年，無所干謁。』潘蜀藻曰：『公以介溪故告歸，年甫四十，後江陵柄國，趣之起，亦不應。』

撫甯道中乘馬望山海關有作

迢遞北平道，揮鞭自控驄。冰堅疑石積，山擁覺途窮。征蓋輝寒日，平沙慘暮風。關城迷望眼，還宿野村中。

運邊餉宿豐潤公署有懷用謝道長韻

天涯歲晏未圖歸，盡日驅車悵〔一〕落暉。萬里關心〔二〕遼海夢，五雲回首帝城飛。嚴風急柝鳴邊壘〔三〕，殘月疏燈照署扉〔四〕。此去足邊應國計，不遑遊子問寒衣。

校記：〔一〕『悵』，龍眠風雅作『傍』。〔二〕『關心』，龍眠風雅作『憑誰』。〔三〕『鳴邊壘』，龍眠風雅作『悲殘夜』。〔四〕『殘月』句，龍眠風雅作『新月臨關照客扉』。

三月邊城有懷故園春景

殊方物候總堪嗟，誰遣遊人促使車？落日有〔一〕山餘壁壘，芳春無徑〔二〕覓鶯花。晴峰欲露猶〔三〕埋雪，野草將萌尚覆沙。對節轉令鄉思劇，西風況復起邊笳。

校記：〔一〕『有』，龍眠風雅作『空』。〔二〕『無徑』，龍眠風雅作『何處』。〔三〕『猶』，龍眠風雅作『半』。

戴乾三首

戴乾 字元泉，嘉靖間處士。

述古　明詩綜選

英雄存其身，安有仇不報？滅楚與復楚，果不出所料。後此博浪椎，報仇志未了。進爲漢廷傑，退偕赤松老。功成保厥軀，王侯安足道？異世有〔一〕青田，千載一長嘯。

『進』、『退』二語寫英雄志事落落。

淮陰一餓士，得志遂王齊。功高非不賞，爵貴身遂危。兔死狗旋烹，人情重堪疑。漂母呂氏后，生之復死之〔二〕。生死婦人手，英雄徒爾爲。進食不望報，斯言可啟迷。何必蒯生計，追悔臨刑時？

以不望報爲喚醒語，漂母亦一黄石公也。語奇意確。

校記：〔一〕『異世有』，龍眠風雅作『相逢我』。〔二〕『漂母』二句，龍眠風雅爲四句：『前此溪邊嫗，曾救王孫饑。后此呂氏后，一身遭誅夷』。

郊外訪菊

園翁生計未全違，數月栽培菊已肥〔一〕。也傚西成殷望歲〔二〕，擔頭秋色賣錢歸。

校記：〔一〕『數月』，龍眠風雅作『半載』；『菊』作『蕊』。〔二〕『俟』，龍眠風雅作『待』；『般望歲』作『纔有望』。

戴　震三首

戴　震　字東鮮，號盂庵，萬曆中諸生。

歲　晏

歲事匆匆至，含愁獨倚欄。烟籠山翠薄，雪映日光殘。幾樹寒梅〔一〕放，終朝作畫看。消貧良法在，對酒乞餘歡。

校記：〔一〕『寒梅』，龍眠風雅作『衝寒』。

月杪晚生笪襄明訪山中道侶　二首之一

行行小徑賒，青嶂列人家。移石牀堪坐，誅茅屋可遮。有園皆種竹，無地不栽花〔一〕。况奉西來偈，魚音轉法華。

校記：〔一〕『花』，龍眠風雅作『茶』。

誦經

念佛深深歲欲除，人來山口即聞魚。閒栽小院梅堪供，新掃貧厨菜可茹。老去禪心都學澹，悟來生計總成虛。猶嫌此地非幽〔一〕僻，悵望西風舊隱廬。

校記：〔一〕『幽』，龍眠風雅作『全』。

戴耆顯十五首

戴耆顯 字令微，號梳河，萬曆甲辰進士，官禮部主事，有梳河集。潘蜀藻曰：『公幼慧，工詩文，與兄耆昌同舉於鄉，皆早卒。』

初晴作

晴雲掩林薄，山際澹微曦。濯濯池草媚，翙翙水禽嬉。浮陽射楹軒，隱映紛離披。淫潦布餘積，蹄涔列前墀。高樹俯清蔭，朱英吐傍枝。涼風飄以來，巾拂何旖旎。爽抱達神契，高蹈謝塵姿。觀化意悠然，何能束常儀？

翞仝𦒵，廣韻：『飛也，音蹻。』

雪中寄外舅虞部

玄雲何英英〔一〕，飛霰彌長薄。幽岫封潛穎，平楚舞輕籜。積素媚華軒，流英綴阿閣。凜洌嚴威中，姑射失綽約。南服憯若兹，况乃偏朔漠。宵永悵多懷，節换感疇昨。遥遥薊北門，悠悠河與洛。睆彼高原上，寂寂罕行屩〔二〕。夫子盛明德，衆樸勤丹雘。前陳羅璠璵，臂韝致雕鶚。隋侯〔三〕珠已燦，楚客璞亦鑿。獨此居者情，焉持慰離索？驚飆如可褰，晨風庶有託。

規撫三謝，脱棄庸近。

校記：〔一〕『英英』，龍眠風雅作『陰陰』。〔二〕『罕行屩』，龍眠風雅作『渺屐屩』。〔三〕『隋侯』，龍眠風雅作『吴姬』。

題邢山人卷

尋真無遠近，一壑聊涸迹。悟澹未云遥，即趣良可適。近市寡囂塵，入室靡交謫。藴此靄〔一〕外情，逌彼區中責。中唐欝遐眺，憑城望南陌。清溪抱郭轉，縛隴分疆坼。層岫薄晴空，參差映青碧。平楚隱連岡，高雲綴危石。欣賞付長嘯，曠矚當躡屐。會心縱條暢，觀化忌踞蹐〔二〕。嵌解任天遊，機息免行役。夙契苟莫違，悠悠遂朝夕。

謝公體裁，穆如清風。

校記：〔一〕「靄」，龍眠風雅作「霞」。〔二〕「觀化」句下，龍眠風雅有「甯晝韓生賈，何借君平策？」

查稚莊遊灊嶽病返〔一〕

查生何地堪爲客，青鞋布襪情太劇。得〔二〕聞梅福梁何允，往欲〔三〕從之卜鄰宅。憶昔草堂夜風雨，余也攘袂生起舞。鐵壺曾擊醉鄉〔四〕歌，松枝共拂譚元塵〔五〕。出處浮沉經幾年〔六〕，江南江北人無數〔七〕。挾策探奇春復春，來看南嶽好尋真。即今病骨陵陽道，篋裏南華可再論。

校記：〔一〕龍眠風雅詩題作查稚莊游舒六觀灊嶽之勝慨焉卜居乍病南返歌以送之。〔二〕『得』，龍眠風雅作『漢』。〔三〕『欲』，龍眠風雅『往』。〔四〕『鄉』，龍眠風雅作『時』。〔五〕『共』，龍眠風雅作『仍』；『元』作『時』；句下龍眠風雅有『長嘯據梧聊隱几』。〔六〕『經幾年』，龍眠風雅作『謂誰是』。〔七〕『江南』句下，龍眠風雅有『白眼處處終相似』。

括蒼山行〔一〕

扁舟上瀨何潦倒，芒鞋却走蒼巉〔二〕道。層巒〔三〕絶巘迴造天，宿霧流雲莽虚灝。數傳清溪渺無極，忽斷雙峰露晴昊。大野漠漠圍茅屋，幽壑茸茸蔽秋草。懸泉陡注成春聲，六月新禾已束藁。深澗陰霾淒若冥〔四〕，絶頂天光淡如掃。已經路澁數疲蹇，更逐炎蒸漸枯槁。踉蹌就蔭足不前，一飲寒泉吻猶燥。靈跡異境更〔五〕安在？策杖空思恣冥討。不能濟勝凌崎嶇，那得探奇豁懷抱？咄哉遊子勿懊惱，遊子倦遊自難言，山人山居自言好。

校記：〔一〕『行』後，龍眠風雅有『放歌二首』。〔二〕『蒼巖』，龍眠風雅作『巉岩』。〔三〕『巒』，龍眠風雅作『厓』。〔四〕『冥』，龍眠風雅作『雨』。〔五〕『更』，龍眠風雅作『竟』。

南旺湖　明詩綜選　御選明詩録

異代南湖水，猶存[一]大野名。秋風一夕至，蘆荻有餘清。蕩漾浮堤淨[二]，微茫入檻明。時時陰雨裏，仿佛魯諸城。

三、四與賈閬仙「秋風吹渭水，落葉滿長安」二語同其驚逸。

校記：〔一〕「存」，龍眠風雅作「疑」。〔二〕「淨」，龍眠風雅作「静」。

對　雨

春殘猶有閏，時儉不須餘。伏雨淹寒食，浮雲擁索居。鶯花愁[一]裏過，車馬病中疏。不是萊蕪長，爲看釜内魚。

校記：〔一〕「愁」，龍眠風雅作「殘」。

廣陵孫遂初邀遊蜀岡

烟水舊蕪城，長風五两輕。草封隋苑右〔一〕，濤帶曲江平。形勝驅遊目，提攜賴〔二〕友生。興來隨屐履，垂柳聽鶯鳴。

校記：〔一〕『右』，龍眠風雅作『古』。〔二〕『賴』，龍眠風雅作『仗』。

泛湖登蜀山亭

泛泛依堤柳，行行界白萍。檣烏狎風浪，水馬泊烟汀。石浸年深碧，天空日暮青。江南足遊〔一〕賞，清興復兹亭。

校記：〔一〕『遊』，龍眠風雅作『幽』。

報恩塔修成贈雪浪師

浮圖巀嶭表長干，宏願深心此地看。毫相再圓珠網影，金裝〔一〕重聳鬘雲端。檐楹星斗千燈映，鈴鐸天風六月寒。説法已令多寶現，蓮華半席許誰安？

竟體莊麗。

校記：〔一〕『裝』，龍眠風雅作『輪』。

登岱 四首之一

海日驚〔一〕從半夜生，蒼涼激蕩〔二〕勢縱横。諸天欲擁飛霞去，萬嶠俱連曙色平。探海東梁籠隱見，望秦西觀映峥嶸。何須苦憶雲封事？直北清光五鳳城。

其一句：『阿閣已餐三秀色，飛流遥挂五雲端。』其二句：『下界虚無淹日月，上方窈窕失朝昏。』其三句：『遥飛海色青冥合，環擁烟霄白練回。』

校記：〔一〕『驚』，龍眠風雅作『東』。〔二〕『激蕩』，龍眠風雅作『揺曳』。

舟泊長山阻風

雨過江風起石尤，江邊波浪失〔一〕汀洲。天涯滿目悲行役，遠道依人作去留。平楚欲冥回落照，浮雲無定逐維舟。迢遥客思何終極？淮海清潮正北流。

校記：〔一〕『失』，龍眠風雅作『蕩』。

擬春閨曲

紅雲寂寂掩闌干，繡澁苔紋屈戌寒。鎮日藥欄妝閣下，落英如霰不曾看。

別南旺李判官

垂楊南岸綰行舟，背指青蓮舊酒樓。汶水有情如送別〔一〕，分流遥注百花洲。風流作賦想南征，憐我思歸更此行。若到李侯舊遊地，相思何處寄芳蘅？

校記：〔一〕『送別』，龍眠風雅作『別駕』。

戴耆焕一首

戴耆焕　字暵中，天啟間諸生。

寄懷居停主人

聚首年餘忽别離，凄凄落木使人悲。江邊〔一〕雲樹難分袂，園外〔二〕春秋暫解帷。風至常懷徐榻誼，月明空動庾樓思。殷勤爲問亭前柳，可似披襟坐話時？

校記：〔一〕『江邊』，龍眠風雅作『曹公』。〔二〕『園外』，龍眠風雅作『董子』。

戴耆英一首

戴耆英　字若璐，號月樓，崇禎間諸生。潘蜀藻曰：『月樓爲歷陽廣文懸水公子。廣文遭甲申之變，棄官歸，以悲憤卒。月樓里居教授，著有四書解、禹貢箋注、史論。』

送春

楊柳陰拖烟雨蒙，數聲啼鳥唤東風。無端却〔一〕放春歸去，贏得星星到鏡中。

校記：〔一〕『却』，龍眠風雅作『白』。

戴宏藴一首

戴宏藴　字公玉，諸生，有竹樓集。

寄山僧

高蹤久説占林丘，滿目山花古渡頭。枯坐蒲團清磬杳，碧空新月上簾鈎。

戴宏閶一首

戴宏閶　字式其，耆顯子，崇禎間諸生，有清溪集。

天門北去有長川，遊子傷心往事牽。策憶仲舒三獻早，詩慚常侍十年先。豈期河朔堪逃暑？且渡江東學刺船。風駛定知催鷁首，莫教離索對晴烟。

戴宏烈二十三首

戴宏烈 字山民，號燈岩，順治甲午舉人，官成都知縣，有朗瑄齋集。潘蜀藻曰：『燈岩由司理改補，在成都日，修復浣花琴臺、武侯祠堂，谿賦軍儲大吏倚任，竟以勞瘵卒官。』郡志：『宏烈事母以孝聞，與弟研友愛，均知名於時，稱龍眠大小戴云。』錢田間酬戴山民詩：『二戴曾傳大小名，賢書遠慰豫章城。重來白社尋安道，共向青雲哭子荆。令弟鬚髯增我老，故人悲憤對君貧。多年不作雞窗夢，爲爾還深風雨情。』璈按：先生古近體詩，研律既精，鑄語復渾，規模古人，皆能神似。惜朗瑄齋集未睹原本，今就潘選中録出十餘首，知多遺美矣。

留别陸子玄王勝持〔一〕諸子

彼美雲間彦，俶儻蜚英聲。文章擬先秦，詞賦追西京。振衣矚四海，意氣何縱横。有客掉扁舟，故人倍深情。穆如清風披，朗若冰雪瑩。贈我金琅玕，飲我白玉觥。旨酒兼嘉殽〔二〕，高唱吴趨行。秋風吹曠野，遊子東南征。戒徒候明發，關河自崢嶸。去者意愴惻〔三〕，送者情悱憯〔四〕。所以僑札交，縞紵若平生。願言崇令德，千載實榮名。

格致深穩，無摹擬剽竊之迹，有紓餘卓犖之觀。

校記：〔一〕『持』，龍眠風雅作『詩』。〔二〕『殽』，龍眠風雅作『羞』。〔三〕『意愴惻』，龍眠風雅作『心留戀』。〔四〕『送者』句，龍眠風雅作『居者意屏營』。

過釣台謁嚴先生祠

羈客苦淹留，嚴霜理孤櫂。暝投七里灘，薄暮展遐眺。溪壑自瀠洄，圻岸復奔峭。平皋翠靄垂，絶嶺丹霞曜。樹遠鬱層陰，岩空澹餘照〔一〕。緬懷肥遁蹤〔二〕，披裘事漁〔三〕釣。秉尚愜幽遐，棲真得要妙。追古發清歡，振衣激長嘯。遠蹈景高風〔四〕，毋貽達人誚。

規撫謝公得其質奥，置之四皇甫集中，殆不復辨。

校記：〔一〕『岩空』句下，龍眠風雅有『别鶴雲中鳴，鵾鷄天外叫』。〔二〕『蹤』，龍眠風雅作『賢』。〔三〕『漁』，龍眠風雅作『耕』。〔四〕『風』，龍眠風雅作『踪』。

長歌行壽朱右立

朱生慷慨天下才，少年結客黄金臺。雙眸炯炯虯髯碧，談兵説劍如風雷。我與朱家同閈里〔一〕，季心劇孟聊堪比。把臂應逢魯仲連，拍肩願結魏公子。烟嶼霜潭激〔二〕素秋，牙檣錦纜上荆州。扁舟獨吊鄂君渚，酤酒還登庾亮樓。陰風摧烈〔三〕鳴刁斗，東達武昌西夏口。知君抗節立賊庭，一聲叱咤黄巾走。徒步蕭然來帝畿，寒江霜雪掩荆扉。謝公墩畔黄花滿，孫楚樓前白雁飛。聞道漢庭興黨錮，詔獄株連及厨顧。李膺范滂同日收，張儉申屠縣官捕。爾時匿影吴越間，飯牛屠狗俱無顔。擊筑吹篪人不識，春花秋草客江關。維揚京口烽烟始，塵沙黯淡欃槍紫。玄武湖邊烏亂啼，石頭城外笳聲起。驃騎都尉各前驅，朱生〔四〕手持金僕姑。錦韝鸷弧鵰翼〔五〕箭，黄驪紫驌驕〔六〕珊瑚。東海逢君一長揖，誰是乘車誰戴笠？殷勤頻問故鄉人，把酒挑燈歌且泣。柳嫩桃嬌二月春，翩翩車騎集芳晨。畫堂絲竹華燈爛，錦檻歌鐘翠幕新。勞君拂拭大羽扇，指揮天地風雲變。短衣匹馬歸田園，日召賓朋恣游讌。

氣格蒼勁，得東川、嘉州之勝。用韻排累轉换，亦深得杜陵遺法。

校記：〔一〕『同閈里』，龍眠風雅作『是同里』。〔二〕『潭潋』，龍眠風雅作『湔亂』。〔三〕『烈』，龍眠風雅作『裂』。〔四〕『生』，龍眠風雅作『君』。〔五〕『翼』，龍眠風雅作『羽』。〔六〕『驪』，龍眠風雅作『騮』；『驕驕』作『燕巒』。

放歌行送趙天羽南歸

九月燕山風凜冽，桑乾河水聲悲咽。趙生倚棹將南歸，手挽長條不堪折。拂衣欲歸可奈何，我輩遭逢偏轗軻。愁來擊碎鐵如意，當筵拔劍爲君歌。君才磊落良不偶，黄初詞賦傳人口。十載空陳痛哭書，承恩宣室竟何有？逢人意氣淩雲霄，寸心耿耿相期久。飄零剩有驌驦裘，呼余時典當爐酒。酒酣耳熱神茫茫，漁陽莫笑禰生狂。眼前多少韓樊侶〔一〕，小者牧伯大侯王。否則黄金千萬鎰，早博長安軌〔二〕戟郎。何用讀書破萬卷，轅駒蹩蹩太行旁？趙生趙生休失意，富貴浮雲等閒事。江上扁舟好著書，故園明月堪沉醉。况有高堂白髮親，還家正值綵衣新。稱詩介壽酌大斗，調高郢曲驕陽春。送君鼓枻邗江路，烟雨滄洲朝復暮。南池此日共〔三〕追攀，西山回首空雲樹。

校記：〔一〕『韓樊侶』，龍眠風雅作『鯨鯢輩』。〔二〕『軌』，龍眠風雅作『執』，是。〔三〕『此日共』，龍眠風雅作『酒樓一』。

酬彭燕又

蘆花楓葉晚江秋，十月扁舟湖海游。道逢彭子把我袖，招手同登百尺樓。贈縞班荆古來有，北山草堂坐良久。倒屣初開北海尊，解裘更貰黄公酒。迫近秋中〔一〕秋水寒，階前玉樹青琅玕。緑沉花拂珊瑚架，翠濤光滿琉璃盤。嗟君卓犖天廟器，久困鹽車不得意。西蜀揚雄徒著書，雒陽賈誼思言〔二〕事。邇來筆札上林開，看花走馬春明回。拂衣羞擊荆卿筑，閉户愁登郭隗臺。龍驤虎變君須見，茂陵豈竟長貧賤？攬轡應期江漢清，揮戈直使欃槍變。况有兒郎復不群，王氏青箱江左聞。日誦萬言何足道，飄飄詞賦氣凌雲。憐余奮袖歸鄉里，慷慨高歌揖遊子。攜手河梁贈短箋，一〔三〕帆遠涉江湖水。君不見吴宫楚榭俱荒烟，躬耕誰是南陽田？滄海桑田何必問，卧龍躍馬非徒然。

校記：〔一〕『迫近秋中』，龍眠風雅作『浦近春中』。〔二〕『思言』，龍眠風雅作『空論』。〔三〕『一』，龍眠風雅作『檣』。

酬別孫古喤歸武水

京雒塵沙高百丈，匹馬短衣傷跼蹐。白眼悠悠行路人，道逢孫子數晨夕。孫子家世擅江東，虯髯玉面凌清風。騷壇直踞建安席，氣體〔一〕不與齊梁同。憶昔射策明光殿，賦進凌雲英少羡〔二〕。燕昭市駿劇辛來，漢武臨軒主父見。共道蓬瀛第一仙，鳳凰池上客翩翩。石渠天禄經〔三〕同異，鼂董公孫策〔四〕後先。詎知造物有深意，盤錯由來試利器。詩書未許屬詞人，案牘還來親長吏。昨年襆被入長安，五陵裘馬争交歡。意氣偏逢剡水〔五〕合，文章山水恣盤桓。一時湖海多同調，屈指趙吴與王邵。燕市日和荆卿歌，蘇門夜聽孫登嘯。始知我輩交有神，眼中之儔誰等倫？偶然相視忽大笑，旁人豈識襟期真？君時呼我飲醇酒，我飲一升君一斗。醉後睥睨問大千〔六〕，茫茫天地終何有？座中侑酒〔七〕張麗華，清歌妙曲揮〔八〕琵琶。飄零自訴當年事，淚溼青衫愁轉賒。愁來擬效窮途哭，鹽車空老霜蹄促。十載蹉跎五上書，至今未得沾微録〔九〕。飲君卮酒君莫悲〔十〕，男兒遇合會有時。天生七尺何爲者？四十專城亦未遲。君今拂衣不肯住，驪駒曉發桑乾路。梁鴻惟和出關歌，張衡且著歸田賦。吁嗟乎！人生聚散俄頃殊，河梁執手空躊躇。春鴻秋雁常相憶，短札殷勤寄我無？

雅麗有則，情詞斐然。在爾時便可頡頏梅村、迦陵之間，惜不爲世知也。

校記：〔一〕『體』，龍眠風雅作『勢』。〔二〕『賦進』句，龍眠風雅作『草奏凌雲天子羡』。〔三〕『經』，龍眠風雅作『較』。〔四〕『策』，龍眠風雅作『競』。〔五〕『水』，龍眠風雅作『溪』。〔六〕『問大千』，龍眠風雅作『雙眼寬』。〔七〕『侑酒』，龍眠風雅作『更有』。〔八〕『曲揮』，龍眠風雅作『舞解』。〔九〕『録』，龍眠風雅作『禄』。〔十〕『飲』，龍眠風雅作『勸』；『莫』作『勿』。

長門怨

畫閣麗秋陰，輕飈動桂林。花飛宫苑寂，葉落御溝深。别夢依〔一〕雕輦，離愁拂玉琴。相如詞賦在，未敢惜千金。

詩情深婉，似唐常理古别離篇。

校記：〔一〕『依』，龍眠風雅作『馳』。

銅雀妓

花落朱甍暗，烟殘碧瓦銷。管絃何處醉？粉黛向誰嬌？掩淚收綦履，含愁整翠翹。西陵松柏路，風雨自蕭蕭。

柬吴山公

吴質南皮彦，風流世所欽。郢中高白雪，燕市少黄金。天地浮雲暗，關河落日陰。鍾期猶未遇，山水孰〔一〕知音？

校記：〔一〕『孰』，龍眠風雅作『乏』。

四明道中

久作淹留客，因成汗漫遊。雲霞台〔一〕海曙，風雨鏡湖秋。岐路疲羸馬，淸霜照敝裘。神州空極目，摇落賦登樓。

校記：〔一〕『台』，龍眠風雅作『滄』。

山中秋夜

地僻秋光迴，天高夜氣清。繁星連草碧，疏月照花明。哀雁凄無侶〔一〕，吟蟲嘖〔二〕有聲。茂陵多肺病，何處望金莖？

校記：〔一〕『凄無侣』，龍眠風雅作『初無影』。〔二〕『嘖』，龍眠風雅作『故』。

過白鷺庵〔一〕

小徑青苔長，横橋緑水平。開尊侵竹色，移榻近松聲。疏雨柴門晚，斜陽谷口晴。到來幽意愜，相對説無生。

校記：〔一〕龍眠風雅詩題作過單狷庵先生白燕庵。

真定别蒲珮珩

京洛追隨久，聯鑣又幾朝。銜杯停野店，折柳上河橋。秋月隨邊雁，晴雲壓塞〔一〕雕。故人揮手去，寥落是今宵。

校記：〔一〕『塞』，龍眠風雅作『寒』。

過陰平别吴雪巖

延陵爲政地，傳是古陰平。草滿姫文廟，花飛鄧艾城。春和〔一〕馴雉集，波暖浴鳧輕。更喜邊烽靖〔二〕，登樓清嘯生。

校記：〔一〕『和』，龍眠風雅作『晴』。〔二〕『靖』，龍眠風雅作『静』。

同黄子正出居庸作

偶謝承明去，聊爲塞上行。千山横朔氣，萬馬動邊聲。上谷風沙暗，漁陽鼓角鳴。江南庾信在，蕭颯盡平生。

四句與謝茂秦『風生萬馬間』語同一警健。

山〔一〕都門作

大火正西流，役車行未休。黄沙埋馬足，白日澹城頭。路灑楊朱淚，秋深宋玉愁。三年彈指過，底事客幽州。

校記：〔一〕『山』，龍眠風雅作『出』。

龍眠山行　四首之一

好山看不盡，選勝入雲峰。鴉立欺牛背，人行印鹿〔一〕蹤。秧針渠夜引，茶莢霧晴封。何處藏蘭若？天淸響梵鐘。

校記：〔一〕『鹿』，龍眠風雅作『虎』。

章江感懷

滿林落葉送秋聲，殘角霜天一雁鳴。細雨孤帆彭蠡澤，斜陽衰草豫章城。故園楊柳牽鄉夢，岐路關山繫客情。見説湖南烽正惡，中原底事未銷兵。

長安早秋

颯颯〔一〕金飆送早涼，纍纍薝蔔〔二〕綴秋香。鴻飛督亢陂烟白，日落居庸塞草黄。客爲悲歌增老大，地當西北早〔三〕風霜。自憐憔悴無家者，楚水吳山正渺茫。

風格蒼遒，近似遺山。

校記：〔一〕『颯颯』，龍眠風雅作『殿角』。〔二〕『纍纍薝蔔』，龍眠風雅作『萄桃滿架』。〔三〕『早』，龍眠風雅作『易』。

關山嶺

雞鳴策馬陟山椒，望裏烟嵐倚碧霄。蜀棧八千雲縹緲，秦關百二路岧嶢。禽棲高隴寒多〔一〕語，山多鸜鵒。雪積長條凍未消。日午停鞭思暫憩，翠微隱隱露團飄。

格律健舉。

校記：〔一〕『多』，龍眠風雅作『能』。

懷孫大振公雲間

卧病荒村嘆索居，故人懷抱近何如？一時湖海交遊盡，千里河山戰伐餘。夜雨空庭常對鶴，秋風古渡正烹魚。遥憐有客飄零久，不寄征鴻尺素書。

贈錢西頑

十年相見轉相親，燒燭西窗夜雨頻。蹈海獨〔一〕成天下士，過江原第一流人。玄言白髮傾高座，圓頂方袍老逸民。知爾更饒濠上意，馬蹄容易學全身。

以魯仲連況幼光先生亦爲不愧，其不能爲王茂宏、謝安石者，則氣數爲之也。

校記：〔一〕『獨』，龍眠風雅作『自』。

春日郊行即事 明詩綜選

名園亂後已全非，結伴攜壺入翠微。楊柳一灣黄犢卧，稻田十頃〔一〕白鷗飛。板橋流水逢僧話，官路斜陽送客歸。遥指北邙山下路，野棠細細點春衣。

三、四與右丞『漠漠』、『水田』二語同其生趣，而筆格尤俊麗。

校記：〔一〕『頃』，龍眠風雅作『畝』。

戴藹四首

戴藹 字槃叟，號借三，布衣，有漫吟草。

早起

鳥聲催枕上，起眺意欣欣。松老偏宜雪，山高不礙雲。遠泉穿石落，野火隔宵焚。對此清凡慮，無勞謝世氛。

喜晴

夜醒危復雨，晨起幸朝曦。宿友重逢日，奇書乍得時。商量燕語壁，奔赴鵲銜枝。又聽農人語，春寒尚可疑。

七夕有感

今宵秋思在誰家？望斷清光一倍嗟。有巧難求甘拙守，無衣可曝畏寒加。疾雷大〔一〕屋驚藏鼠，密雨空山隱暮鴉。回憶昔年相聚日，雙星坐對意無涯。

校記：〔一〕『大』，龍眠風雅作『古』。

閨情

十載深閨只自憐，蛾眉畫就負嬋娟。梅花落盡尋常事，不爲春歸恨杜鵑。

戴臚六首

戴臚 字韓五，耆顯孫，康熙間布衣，有植軒集。

步出東門行

步出城東門，歡聲滿道旁。與客河堤立，橋成生輝光。經營已數月，風景倏異常。濟人勝舟楫，詎〔一〕嘆川無梁。自今涉不病，往來免褰裳。豈獨利百姓，亦以通工商。舊署曰子來，此名差足當。側聞昔盛時，兹橋亙滄浪〔二〕。百貨左右列，市肆東西望。結隊閒遊子，拍板聞〔三〕笙簧。盛事豈能久？世變遂荒凉。歷今三十載，父老臨河傷。向我談往昔，追思不能忘。不圖至今日，大舉復群襄。朱欄照水赤，白石凌波蒼〔四〕。履橋若平地，車驅騎連〔五〕行。請看走馬者〔六〕，聊翩少年郎。誰爲題柱客〔七〕？念之心飛揚。

校記：〔一〕「詎」，龍眠風雅作「寧」。〔二〕「亙滄浪」，龍眠風雅作「壯吾鄉」；句下龍眠風雅有「青龍落日見，彩虹卧波長」。〔三〕「聞」，龍眠風雅作「間」；句下龍眠風雅有「美人月下來，攜手鬭豔妝。」〔四〕「凌波蒼」，龍眠風雅作「受苦蒼」。〔五〕「騎連」，龍眠風雅作「可同」。〔六〕「者」，龍眠風雅作「過」。〔七〕「客」，龍眠風雅作「者」。

送廓野上人之秣陵

忽買扁舟去，飄然向〔一〕秣陵。塔尋多寶現，臺向雨花燈〔二〕。藉受如來戒，應參最上乘。一瓢偕〔三〕一衲，倘是〔四〕六朝僧。

校記：〔一〕「飄然向」，龍眠風雅作「何爲憶」。〔二〕「燈」，龍眠風雅作「登」。〔三〕「偕」，龍眠風雅作「兼」。〔四〕「倘是」，龍眠風雅作「猶似」。

贈江磊齋

君才只合侍金門，百里那堪展士元。聖主屏風新重吏，名家牀笏舊承恩。藜窺天禄文原富〔一〕，花種河陽道亦〔二〕存。莫令〔三〕荒區遲報最，從來利器試盤根。

校記：〔一〕「文原富」，龍眠風雅作「聲先著」。〔二〕「種」，龍眠風雅作「擬」；「道亦」作「迹尚」。〔三〕「令」，龍眠風雅作「謂」。

潘貽孫移居故宅

比舍皆居司馬孫，百年門巷舊來尊。重歸易主前人第，好築娱親大隱園。燕賀應知巢不改，鶯遷却喜樹猶〔一〕存。外家閥閱今隣並，韋杜城南許再論。

校記：〔一〕「猶」，龍眠風雅作「還」。

胡彦昭石門山居

早聞卜築近山村，曾是先朝大隱園。居爲大參公讀書舊址。邑里尚存韋氏第，烟霞兼屬晉公孫。秋田負郭留餘澤〔一〕，世業趨庭受雅言。大參公著有壁經雅言。幾度擬尋憐客滯，東風邀叩〔二〕草堂門。

校記：〔一〕「澤」，龍眠風雅作「頃」。〔二〕「叩」，龍眠風雅作「扣」。

懷張吉如並寄吴賡虞

每尋仲蔚款扉開，隴鳥先能報客來。窗外種蕉堪聽雨，竹邊移石愛生苔。耽遊肯廢探幽屐，斷飲曾呼賭醉杯。近與吴郎數晨夕，莫忘尺素共詩裁。

戴　研十六首

戴　研　字導及，崇禎末諸生。郡志：『研年六十方貢成均，生平肆力於詩，琅然有三唐之音。』瑍按：先生生當明季，目擊敗亡情狀，見之於詩，情詞慷慨，而七言律體沉亮蒼遒，庶幾杜陵諸將、詠懷之遺響。在當時足以肩隨卧子駿公，非第沿七子之浮聲也。

嚴君平

入山何必深，涉水何必廣。大隱在人間，悠然脱塵網。抱道悟龍蠖，詮易超象罔。端策理既精，著書識何朗。與物幸無競，繕性得所養。日暮垂簾時，翛然發玄想。

太白晝見

太白晝猶見，兵戈氣未銷。去來隨赤日，芒角射青霄。北極光凌亂，西山影動摇。冥冥氛祲在，憂思到漁樵。

石城晚眺〔一〕

輕舠初繫暮潮横，两岸魂銷畫角聲。細雨孤帆揚子驛，殘陽衰草石頭城。飄零壯志空奔走，荏苒年華老甲兵。回首秣陵歌舞地，烟波東去不勝情。

燈岩有『細雨孤帆彭蠡澤，斜陽衰草豫章城』二語，此首移之於揚子石頭尤佳。

校記：〔一〕『眺』，龍眠風雅作『泊』。

登維揚舊城懷古

孤城一望海天開，千里濤聲擁座回。雲樹關心常對酒，川原縱日獨登臺。錦帆寂寞魚龍冷，玉殿荒蕪鳥雀來。何事興亡偏此地？斜陽衰草共徘徊。

格致蒼渾，似崆峒之學杜。

廣陵吊史相國

平林烟雨正蒼茫，相國孤忠碧草芳。血已化鵑啼蜀道，魂〔一〕應騎鶴去遼陽。包胥空〔二〕效秦庭哭，諸葛誰知漢鼎亡？我欲招魂何處問？空餘清淚溼衣裳。

校記：〔一〕『魂』，龍眠風雅作『人』。〔二〕『空』，龍眠風雅作『只』。

舟次邗江感懷

寒雲蕭瑟片帆收，江草江花動客愁。瓜步濤聲常帶雨，廣陵山色易爲秋。已拌[一]湖海供多病，漫逐風塵故倦遊。寂寞仲宣懷土意，不勝摇落賦登樓。

松圓老人有『瓜步洲空微有樹，秣陵天遠不宜秋』一聯，本皇甫冉瓜步洲『空遠樹稀李嘉祐，秣陵凋敝不宜秋』。二句語，點化作對，牧齋、阮亭皆激賞不置。此詩三、四語意頗同，正自移步换形，非同勦襲。

校記：〔一〕『拌』，龍眠風雅作『拚』。

京口舟中即事

野曠天清駕雀航，烟波回首更蒼茫。蕭蕭雁影横秋宇[一]，歷歷漁歌送夕陽。寂寞空村來鳥雀，高低新塚下牛羊。憐予蓬鬢滄洲老，風景頻[二]年欲斷腸。

莽蒼，有北地之致。

校記：〔一〕『宇』，龍眠風雅作『水』。〔二〕『景頻』，龍眠風雅作『物年』。

贈錢西頑先生

平生屈指忘年友，亂後俄驚見面稀。一别誰憐家國破？重逢却訝姓名非。囊餘湖海新詩句，篋有雲山舊衲衣。見説吴中多勝事，徜徉蝦菜漫忘歸。

田間於國變後更名字，故四語云然。

雜　感　十首之三

牙檣錦纜鼓逄逄，滄海旌旗曉蔽空。茂苑荆榛愁〔一〕夜雨，長陵松柏哭秋風。橐駝銜尾來燕市，苜蓿垂花滿故宫。甲〔二〕帳珠簾今寂寞，斷烟衰草咽寒蛩。

三首詠南都破亡，蓋皆親見其事，故其言之沉摯悲凉。

翠微宫鏁〔三〕玉繩低，綵鳳天書印紫泥。江上六軍同駐馬，舟中半夜厭聞雞。淚和粉黛沾紅袖，醉飲蒲萄舞白題。漏鼓嚴更人罷唱，飢烏飛過女牆西。

四語謂當時降潰諸臣，以恢復中興爲厭談也。

罘罳金雀護晴曛，鼓出章溝晝漏分。赤伏〔四〕未傳銅馬帝，畫船空部水犀軍。歌殘玉樹宮中夜，舞散蓮花葉裏雲。斜抱琵琶彈出塞，胭脂淚下石榴裠。

校記：〔一〕『愁』，龍眠風雅作『殘』。〔二〕『甲』，龍眠風雅作『丹』。〔三〕『鑠』，龍眠風雅作『鎖』。〔四〕『伏』，龍眠風雅作『杖』。

九日

蒼蒼雲樹靄斜暉，獨上荒臺問蕨薇。風雨二陵人北望，關山千里雁南飛。孤城落日寒吹〔一〕角，九月清霜客授衣。最是蕭疏蓬鬢改，菊花何用滿頭歸。

渾健，有盛唐之風。

校記：〔一〕『寒吹』，龍眠風雅作『吹寒』。

哭方子留

平生求友獨君先，屈指交情二十年。世運滄桑偏隱〔一〕痛，美人黄土劇〔二〕堪憐。逃吴心事同梅福，蹈海高風似魯連。我有千行知己淚，幾時親〔三〕灑白雲邊。

五、六以梅、魯擬子留，其高風亦自不愧。

神清骨瘦映冰壺，况復驚人才更殊。只有文章成薄命，遂令天地盡窮途。江湖剩有新詩句，風雅難忘舊酒壚。曾錫嘉名同博浪，不知公子報韓無。

元遺山句：『棄擲泥塗豈天意，折除時命是才華。』與此篇三、四語可通作古今才人薤唱也。

校記：〔一〕『偏隱』，龍眠風雅作『俱足』。〔二〕『劇』，龍眠風雅作『最』。〔三〕『親』，龍眠風雅作『傾』。

贈張敦復宗伯

才子承恩侍玉除，蘭臺聲價重璠璵。寅清自典春卿禮，中秘仍繙太史書。邸〔一〕第已知連禁苑，掖垣更喜傍宸居。柏梁賡和原同調，不待金門獻子虛。

文端官宗伯仍兼講筵，故四語云然。

校記：〔一〕『邸』，龍眠風雅作『甲』。

哭孫易公

清秋伏枕薊門城，力疾翻爲塞上行。一出居庸魂不返，鴛鴦泊上暮雲横。

戴芳一首

戴芳 字令及，號敦初，順治庚子舉人，官仁懷知縣。

王路庵踏荒賑饑

黄浦繞過東海東，連天波湧夕陽紅。魚村蟹市荒原〔一〕冷，燕語鶯歌淑氣通〔二〕。到處提壺迷草徑，相將攜杖聚村翁〔三〕。寄言鄰舍休惆悵，明日新糧又奉〔四〕公。

校記：〔一〕『原』，龍眠風雅作『烟』。〔二〕『淑氣通』，龍眠風雅作『别調工』。〔三〕『相將』句，龍眠風雅作『逍遥攜杖挈溪翁』。〔四〕『奉』，龍眠風雅作『急』。

戴時翔三首

戴時翔 字需之，號鳳皋，布衣。

述懷

相士不在貧，相馬不在瘦。一顧遂空群，伯樂誠難遘。駿骨已云朽，猶煩千金購。愛物既如此，名賢競輻輳。富貴豈非〔一〕願，勢利良難〔二〕就。王門〔三〕行曳裾，竽吹一一陋。所以有心人，美玉不衒售。著述自〔四〕春秋，俯仰任凋茂。伏櫪但需時，千里志終副。何怪駑駘才，老死戀棧豆。

校記：〔一〕「豈非」，龍眠風雅作「非不」。〔二〕「良難」，龍眠風雅作「那堪」。〔三〕「王門」二句龍眠風雅作「王門不可掃，曳裙行亦陋」。〔四〕「述自」，龍眠風雅作「書歷」。

謝門人趙長人見贈阮臨江花卉並歸先叔父元泉公草書

繪事争傳大阮長，揮毫臣叔亦差强。開緘盡染烟霞色，展軸猶餘〔一〕翰墨香。先子政憂無手澤，草堂今幸有春光。他時過我同幽賞，半壁琴書擁竹牀。

校記：〔一〕『餘』，龍眠風雅作『聞』。

寄表姪周重禋山中

欲晴不晴雨已淫，欲放不放梅有情。尊開美酒醇且冽，户列遠峰淒以清。世情反覆仍泛泛，吾生得失何營營。終須徜徉樂山水，何必浮慕公與卿？

戴　璪二首

戴　璪　字綺玉，布衣。

憶方稚行客秋浦

一葉浮天際，遥遥但信風。蘆花秋水白，漁火夜罾紅。九子占星聚，三江識道同〔一〕。故園叢桂發，猶帶主人翁。

校記：〔一〕「同」，龍眠風雅作「東」。

吊張將軍

張公名韜，獻賊西来，韜率孤軍截戰，衆窮不敵，没於桐之嶇口鋪。

吴會雄材靖楚氛，請纓年少學從軍。出師未將雲都衆〔一〕，破賊誰〔二〕傳露布文？俠氣崚峥〔三〕歐冶劍，忠魂慘〔四〕澹蕩陰墳。可嶙嶇口悲風起，行路傷心不忍聞。

黑雲都，軍隊名，見五代史記。

校記：〔一〕「出師」句，龍眠風雅作「出師徒有雲臺志」。〔二〕「誰」，龍眠風雅作「空」。〔三〕「崚峥」，龍眠風雅作「憑臨」。〔四〕「慘」，龍眠風雅作「黯」。

戴碩二首

戴碩 字孔曼，别字霜崖，諸生，有小園吟草。

偶興

歲月流如此，他鄉滯一身。繁華供感慨，書劍任風塵。柳映青祀〔一〕舊，霜生白鬢新。好花飛欲盡，相賞暫相親。

校記：〔一〕『祀』，龍眠風雅作『袍』，是。

九日攜兒子平世名世侍大人飲途中拈韻促和

同出郊坰陟北山，親闈深隱白雲間。菊應佳〔一〕節花齊放，楓始〔二〕經霜色早殷。歲儉〔三〕酒猶供酩酊，家貧衣欲〔四〕勝斑斕。團圞歡坐東籬下，贏得庭階一日閒。

校記：〔一〕『應佳』，龍眠風雅作『因令』。〔二〕『楓始』，龍眠風雅作『樹未』。〔三〕『儉』，龍眠風雅作

『惡』。〔四〕『欲』，龍眠風雅作『却』。

戴　匡一首

戴　匡　字曙野，號夢梁，諸生。潘蜀藻曰：『夢梁旁搜博覽，性情恬靜，耽山水之樂，門下多知名士，如夏簡在大令、周信臣、徐扶九廣文，吴興桂林諸孝廉多出其門。』

毘陵旅夜

木脱秋高動旅愁，頻年漂泊久淹留。霜侵十月客衣冷，露白三更江水流。作賦何心能擬宋？登樓有感尚依劉。數聲砧杵〔一〕情蕭瑟，不待風塵暗白頭。

校記：〔一〕『杼』，龍眠風雅作『杵』。

戴其員二首

戴其員　字子方，號雪看，康熙間諸生。魏惟度曰：『先生詩新舊離奇，藻不傷縟，琢不傷巧，彬彬皆澤於古，不傍今人門户。』

春日詠懷　八首之一　百名家詩選

種竹鋤荒恁似家，斷虀燒筍客情賒。文章憎命銷年少，簿牒嬰人感鬢華。未驗維魚占歲稔，漫嗟孤鳥滯天涯。空庭鎮日無多事，雙樹高枝鵲自譁。

淇衛浮青　天雄十二景之一　百名家詩選

共伯蘇門山下水，千里來流淇衛河。秋漲雲連村樹遠，春晴烟擁片帆過。風光若此年光换，歸興何如酒興多。我欲臨風揚一觶，岱宗東望鬱嵯峨。

戴　涵二首

戴　涵　字華渚，號春塘，乾隆癸酉舉人，官至貴西道。

塞下曲

鐃吹下秋聲，長榆暮草平。烟迷充國帳，柳暗亞夫營。朔雪千山曉，邊烽萬井明。漢庭飛將在，一戰取龍城。

咸陽懷古

表裏山河在，提封四塞長。秦皇傳二世，漢祖約三章。故壘蒼烟没，殘碑蔓草荒。閒情何所適，駐馬待斜陽。

戴　珍一首

戴　珍　字爲章，號越采，崇禎末諸生。

山中

東風吹澗草，蒼翠上柴關。鶴舞雲生樹，龍歸雨在山。高人時拄杖，采藥向松間。日暮不知返，坐看新月閒。

戴燕永六首

戴燕永 字友四，號柳溪，康熙間處士，有蟬吟集。戴氏家傳：『先生試不得志，隱田間，喜交遊，遇老師名儒，折節事之。性愛泉石，每當春時，從一僕持樽酒，游諸名勝，獨坐聽鶯，以晉之戴仲若自況。所著蟬吟集，江磊齋爲之序。』

田家四時雜詩 四首之一

方冬群動息，各各歸其家。孰是向不塞，而無寒風嗟。刈茅葺舊屋，綯索相交加。圍爐熱榾柮，笑語室中譁。婦子有真情，至樂固無他。白雪飛庭前，片片爲春花。童子握倉穀，出户餐飢鵶。群鵶不復疑，隨之啼啞啞。此意良獨難，吾爲童子嘉。

雨後

雨過天氣清，空林落深翠。芳草忽滿山，夕陽時在地。白墮藏已久，呼童持一醉。醉來石上眠，閒雲濕衣袂。

江上感舊

去年此日停舟處，畫舫笙歌江上遇。扁舟今日我重來，荻絮滿洲雲滿樹。雲樹江干夕照殘，孤舟獨立思漫漫。芙蓉不語秋江冷，明月無聲雁陣寒。

書感呈二兄

短笛何人夜不休，風吹清夢出西樓。林間烏鵲猶三匝，天上鵷鸞自九秋。未免有情誰遺此？本非知己復奚求。君看出匣豐城劍，一夕光芒燭斗牛。

集賢關遇江磊齋

皖城地險開屏障，壁立雙蟠萬仞山。一線崎嶇通過客，百年雲樹護雄關。自慚安道攜琴出，喜見交通策馬還。十載看公成白髮，莫辭樽酒帶酡顏。

龍眠山中

竹杖芒鞋鎮日隨，龍眠風景畫圖垂。泉聲石色依然在，何處相尋李伯時？

戴澤一首

戴澤　字說揚，乾隆間諸生。

潯陽客夜

碧天如水暮雲開，孤客思鄉首重回。千里龍眠山下月，爲誰今夜渡江來？

戴　恩一首

戴　恩　原名鍾岳，字西華，號青亭，乾、嘉間諸生。

南山即景

夕陽西下四山紅，牧笛聲聲趁晚風。倚仗柴門無箇事，落霞影裏數歸鴻。

卷二十

吴元甲 徐 裕
王 樾 蘇求敬 同校

胡效才一首

胡效才 字用甫，號澤庵，嘉靖乙丑進士。按：公登第有詩云：『自笑窮經五十餘，恩光何幸到寒廬。』名以晚成，故未及仕云。

登玉峰

雨餘穹翠入窗來，獨上峰頭步幾回。歌舞自憐風日麗，鬢毛休笑雪霜催。萬家匹練花叢繞，一望三江曙色開。春水莫愁魚雁闊，新潮應到射蛟臺。

胡效憲三首

胡效憲 字吉甫，號綏山，萬曆間諸生，有山居集。方樓山序山居集曰：『先生博學如倚相，知人如德操，道廣如太丘。詩蓋出入於曹、劉、陸、謝、李、杜之間。』

義烏東署

西閣留人久，東風送雨頻。好花應怯醉，岐路轉憎春。雁宕將窮越，龍眠豈避秦？寸心悲復咽，不肯廢吟呻。

書懷

懶慢甘爲太瘦生，一回攬鏡一回驚。掃除白髮無長策，領略青山有遠情。到處裁衣聊爾爾，偶聞伐木詠丁丁。因悲投老不更事，渭水難忘釣玉璜。

孫魯翁招晤湖南

片檄遥從天際裁，黯雲愁霧一時開。多情久絶枌榆想，覓路先從猿鳥回。古蘚難封康樂屐，斷鴻初過子陵臺。南山吹盡天吴澗，蕉鹿何煩夢裏猜。

胡　瓚三首

胡　瓚　字伯玉，號心澤，萬曆乙未進士，官至江西右參政，有解愠堂集。明史劉東星傳：『瓚，萬曆二十三年進士，授都水主事，分司南旺兼督泉閘，駐濟寧。泗水所注，瓚修金口堨遏之，造舟汶上，爲橋于甯陽，民不病涉。河决黄堌，瓚、東星濬賈魯河古道，益治汶、泗間泉數百。尋源竟委，著泉河史上之。增秩。後督修琉璃河橋成，累官江西右參政，予告歸。』潘蜀藻曰：『公初以都水使者，疏濬南旺功最。自江右告歸，泊無所與，惟聚書萬卷，坐樓頭日閲數卷。所著有史奕、尚書解、過庭雅言等書。』四庫附存書目：『胡瓚泉河史十五卷。』

太公泉

靈源泄汶水，傳説存〔一〕山隈。泉湧珠池迸，流從銀漢來。里名仍舊蹟，地脉喜新開。我欲乘風〔二〕去，飄然上釣台。

校記：〔一〕『存』，龍眠風雅作『在』。〔二〕『風』，龍眠風雅作『槎』。

和何康侯太史南池

供奉仙班玉署郎，新詩爲寄墨琳瑯〔一〕。自憐寂寞分曹冷，誰解炎蒸直閣涼？嘉樹敢忘宣子譽，餘〔二〕荷猶襲令公香。才名漫説同工部〔三〕，檢點壺觴且〔四〕酒狂。

校記：〔一〕『琳瑯』，龍眠風雅作『淋浪』。〔二〕『餘』，龍眠風雅作『亂』。〔三〕『才』，龍眠風雅作『雄』；『同』作『塵』。〔四〕『壺觴且』，龍眠風雅作『平生只』。

署中懷客卿太史

仙郎病後已忘機，剩有同心案與齊。見説浮山今更勝，囊空不用買山棲。

胡珍一首

胡珍 字仲玉，號懷澤，瓚弟。

登梁山

我昔乘槎海上來，青山相對望中開。白雲争負仙人掌，碧漢遥通織女臺。

胡吴祚三首

胡吴祚 字永嗣，號環山，天啟間諸生，有環山集。郡志：『吴祚著駢雅百六十卷，比事屬辭，包羅富備。鼎革後隱西山中，誅茅種菜，顔其居曰「環山」，號荷薪老人。』

自君之出矣

自君之出矣，明月滿中堂。天外孤雲白，君行何處鄉？

環山詩　二十首之二

無巾漉酒還收秫，分地爲園可種瓜。雲帶山腰溪欲漲，漁郎争得覓桃花。
山下溪邊栗蔭寬，暑殘多帶醉來看。先生收後蒙孫覓，半挂梁間任自乾。

胡學華一首

胡學華　字耀卿，天啟間諸生。

夏日過黄溪渡思歸

黄梅時節雨方新，愁殺江頭楊柳春。夢與漁翁頻訂日，停舟莫誤送行人。

胡縝一首

胡縝　字瑟若，崇禎己卯副榜，仕臨江推官。郡志：『縝從楊廷麟守贛，與弟繹納多方捍禦，力窮被執，不屈死。』通鑒輯覽：『贛州潰，萬元吉、楊廷麟俱投水死。臨江推官胡縝不屈就戮。』

白鹿洞 盧山志

白鹿仙蹤邈何許？白鹿仙靈常此留。一自真儒傳學術，遂令來者重夷猶。泠泠絶澗傳空谷，寂寂千峰抱古丘。多少羹墻瞻仰意，巖花滿目傍人幽。

胡如瓏二首

胡如瓏 字木夫，崇禎間諸生，早卒。

懷陳二如

都人薹笠曳瓊琚，獨校蒲編閉石渠。一去弟兄同海運，幾回烽火問鄉書。迎軒香氣花〔一〕無價，戲馬芳郊興有餘。早達長門買詞賦，千金甯不富相如？

校記：〔一〕『香氣花』，龍眠風雅作『花氣香』。

送家即公之淮安

子參幕府赴淮陰，百感難忘頃刻心〔一〕。萱草春秋歷霜雪，棠華南北自蕭森。庭空似水愁何極〔二〕，命在如絲老更侵。好學攀鱗〔三〕頻努力，莫將衰鳳動行〔四〕吟。

語意切摯，即公之行當有不能已者，故動之以庭闈貧且衰也。

校記：〔一〕『感』，龍眠風雅作『計』；『忘』作『牽』。〔二〕『何極』，龍眠風雅作『無賴』。〔三〕『鱗』，龍眠風雅作『龍』。〔四〕『動行』，龍眠風雅作『起狂』。

胡如珵二首

胡如珵 字即公，崇禎中諸生。潘蜀藻曰：『先生淵雅有器量，史公可法鎮維揚，辟掌書記，露布封事咸出其手。維揚陷，與史公同殉。』祝山如曰：『即公從史相公游者八年。大兵破廣陵，即公與史公同日就義。即公有四月二十日與廣孟嘉書，同人王皚文、潘蜀藻梓以示同志，用徵輓章。』

寄呈大司馬張玉笥先生

樞〔一〕臣拜命獨登壇，奕奕車徒北斗寒。轂轉繁霜辭劍閣，心懸明月待金鑾。海門自古推黄幹，淝水當時有謝安。壁上諸侯方會食，笳吹斜日倚雕鞍。

故國花飛楊柳村，東風吹雨勢翻盆。社壇二十周南畝，旟旐三千護北原。豈〔二〕獨國僑能代殖？須知杜預亦分屯。高低禾黍垂垂發，更有何人怨郭門。

校記：〔一〕『樞』，龍眠風雅作『王』。〔二〕『豈』，龍眠風雅作『不』。

胡如玾四首

胡如玾 字子兑，號峼峰，順治辛卯副榜，官臨海知縣，有野巢集。郡志：『玾爲人伉爽豁達，不能藏喜宿怒，卒官日，囊無長物。』

望燕然

策馬燕然下，長歌吊昔賢。亂雲中出岫，百里外無烟。石豈武功著？山因文字傳。班家好兄弟，强半出關前。

廡　怨

一楹簾幙五更愁，两地摇摇未繫舟。茂苑自憐常作客，玉關幾見即封侯。鷹韝就手知難脱，兔窟何心好自謀。昨報東方千騎出，思君早已到前頭。

叢　臺

閉閣鐘檠〔一〕長緑苔，蘭香蝶粉動人哀〔二〕。瑶臺神〔三〕去隨朝雨，綺騎書回夢大雷。折斷柳枝琴裏續，落殘梅蕊笛中開。無人爲返關山戍，黄雀悲吟不可裁。

校記：〔一〕『槳』，龍眠風雅作『情』。〔二〕『香』，龍眠風雅作『花』；『蝶粉動』作『蛺蝶使』。〔三〕『神』，龍眠風雅作『夢』。

巴東道中

香魂吹轉杜鵑風，嘆息離居憶斷蓬。長峽獨逢梁苑在，遠峰思與故人同。荒臺立馬愁神女，亂溆流花下楚宮。夢裏一聲猿嘯落，暗隨雲雨過巴東。

後半首神來情來，與會飈舉。

胡代工一首

胡代工　字子亮，瓚孫，諸生，年十九卒。

懷環山

環山秀甲石屏西，村市風帘颺不齊。古木懸枝〔一〕蒼蘚壁，小橋流水白雲溪。平田雨截〔二〕垂虹背，别院春濃戲〔三〕馬蹄。人去舊村〔四〕空有夢，一樽何處聽黄鸝？

環山蓋舊僑居也，結用錢仲文『黄鶯住久渾相識，欲别頻啼四五聲』語意。

校記：〔一〕『枝』，龍眠風雅作『崖』。〔二〕『截』，龍眠風雅作『足』。〔三〕『戲』，龍眠風雅作『到』。〔四〕『村』，龍眠風雅作『林』。

胡宗緒十一首

胡宗緒 字襲參，一字息駿，雍正庚戌進士，官國子監祭酒，有環隅集。張謙宜家教記：『宗緒母潘氏，兵備副使次妻女，歸石隣爲繼室。石隣卒時，宗緒年甫十歲，次臺八歲，皆在襁褓。宗緒與臺就學村塾，距家三里。每旦握手送至門，暮復倚閭待之。越三年，不能具束脩，母自督課之。聞宗緒誦孔、孟、程、朱之言則喜，否則怒。一日閒讀司馬相如美人賦，母大怒，取裂擲之。宗緒因是終身不見邪雜不典之書。宗緒嘗自村外歸，衣裾漬露，履有泥沙，撻之，曰：「奈何不由正路也。」以故宗緒年四十恂恂如蒙士焉。』王善橚序集曰：『先生爲諸生時，館謝家水圩之小庵圩，周遭大水，一夕雷雨大作，霹靂毁屋極暴，風撼窗櫺盡脱。先生卒無恙。嘗變姓名履危地，委曲脱骨肉于難。今司成太學泊如，鮮勢交。太學諸生親炙悦服，相喻以天。』周聘侯曰：『襲參，韻人也。嚬笑語默，見者以爲神仙中人，偶發爲詩，漱滌萬物，牢籠百態，脩然有出塵之趣。』張維屏國朝詩人徵畧：『胡龔參司成有贈友句云：「两人拍手齊大笑，一路同行到小姑。」』

夜聞琵琶

楊柳亂如絲，青青亂拂池。誰將最苦調？彈向獨愁時。絶塞黄雲寂，秋江白雨遲。家家有離别，幽夢可勝思。

蘄水縣

蘄水溪頭路，連山帶夕曛。溼遲烟渡澗，響驟雨離雲。縣入鶯花窟，村分鵝鴨群。田家留客意，野老特殷勤。

宴集大明湖歷亭

主人惟好客，幽意動郊坰。初日花邊路，春風湖上亭。水高窗頂白，葉密澗心青。宴罷笙歌歇，看予釣北溟。

題爾堯華農耕舍　三首之一

幾日林中住，齋身事事清。舉頭青嶂在，隨意白雲生。茶自巖公得，詩留木客評。爲君溪上好，漸喜説忘名。

江南曲　十一首之一

郎爲湖中水，儂爲浮萍草。浮萍逐湖水，却是無根好。

環　村　環山十詠之一

瀰漫山中霧，蒙茸隴上樹。牛食山中草，不識山外路。

襄陽雜詠

獨來襄水憑今古，誰廢誰興記得無。惟有風流輸我輩，孟家詩句米家圖。

重過揚州酒家

楊花門徑水西流，風旆依稀舊竹樓。記得繫船沽酒處，醉鄉一路上揚州。

道場山

道場高眺五湖陰，苕霅東流歲月深。七十二峰都在水，幾峰秀山幾峰沉？

武陵雜詠

雞犬全家此避秦，仙郎生子子生孫。洞中近少閒田地，不種桃花深閉門。
朗州司馬居夷久，吟斷秋風朗水長。一曲新詞舊時淚，蠻兒歌罷說劉郎。
劉禹錫貶朗州，今常德府。

胡臺一首

胡臺　字西華，號星山，康熙間拔貢生，官壽昌知縣。

李建州祠

遺愛閩江繫去思，故園幾處尚叢祠。誦來梨岳貽家集，去雁離人足色絲。

李頻梨岳集：『余令壽昌時爲校刻之。』

胡　璇四首

胡　璇　字斗才，號星溪，乾隆諸生，有含翠山房詩鈔。王晴園曰：『星溪詩極多佳句，五言如「長空一雁少，孤嶼兩人閒」；「大河回首盡，華嶽逼人來」；「宿雲連岸白，初日照帆黄」；「山燈分佛火，花港駐蘭橈」。七言如「榮名不向青春立，好月多於客夜圓」；「一無成我非緣傲，百不如人只爲貧」；「倒乘清影岩邊樹，直接嵐光竹裏樓」。又絶句如「最是關情人不識，小喬墳上落花多」。皆錘煉精純，置之唐人集中，不爲碔砆也。』

韓莊閘曉發

一枕水聲高，關河夢亦勞。壯圖增悔吝，寒儉恥兒曹。縱目看東魯，含情讀楚騷。帝鄉何日到？且自醉村醪。

西湖聖因寺雪夜

自顧飄蓬客，僧廬亦當家。無錢買春酒，有雪煮園茶。掃徑故人絶，開窗滿樹華。蕭然披鶴氅，渾忘在天涯。

自君之出矣

自君之出矣，江頭罷采蓮。思君如水月，蕩漾不成圓。

山居二月

山橋流水漾晴沙，嫩緑菖蒲發淺芽。村外日長人不到，東風吹老野棠花。

胡 傳四首

胡 傳 字時非，號艾園，有艾園詩集。

癸卯九月水閣紀事

一市無完室，貧家糴米難。牽蘿誰補漏，煑字不成餐。帆影長天遠，江聲夜雨寒。可憐鷗鷺鳥，何日曝晴灘。

三用杜語，四特創獲。

江連吳楚漲，極望迥茫茫。鼃産沉厨竈，魚跳上屋梁。濤聲翻午夜，寒氣逼秋霜。鴻雁棲何處？哀鳴總斷腸。

寫水鄉沉冥之狀，宛如在目。至道光辛卯、癸巳之時，大洪奇漲，樅川湯鎮半淪水腹，校之癸卯，固又甚焉，益可悲已。

渡江至六合訪方南董

渡江百里盡平川，一路鐘鳴出曙烟。野店橋邊飄酒旆，征衫馬上拂吟鞭。樹迷溼霧驚蟬噪，荷受輕風護鴨眠。念我交親常在望，莫疑剝啄到門前。

寄輓朱且堅

輕舟漁火送斜暉，片片疏雲溼客衣。月斷楚天人不見，江頭空有鷓鴣飛。

胡承澤八首

胡承澤 字廷簡，號蛟門，雍正庚戌進士，官刑部主事，改靈石知縣，有《頤壽堂詩鈔》。秦瀛《序詩鈔》曰：『先生少工舉業，嘗令山西之靈石，有善政，縣治當東山諸水下流，護城堤水漲輒圮。先生乃易以石，民賴之，無水患，號胡工堤。後以忤上官意，罷歸，相羊於龍眠山水間，築草堂，詠歌其中，今所傳頤壽堂詩者也。詩雖不多，而閒適沖淡，迥脱塵壒，絶似其鄉先進田間先生。』

采菊吟

東籬有黄菊，采采不盈把。豈不愛芳菲？毋乃近遊冶。自有門前路，相將送君去。一去四五年，宛轉逹寒素。男兒志四方，所期在顯揚。遇合會有時，那復念故鄉。故鄉秋易老，芳姿不可保。今日露凝花，明月霜摧草。

王官谷懷古

一徑穿雲入，蒼然別有村。擬綸不可見，修史，蹟空存。松冷天宜夏，山深日早昏。我來懷大節，未許並時論。

擬綸、修史，二亭名。

漫興和姚三崧 六首之一

年華不我與，江水正趨東。但博一日趣，須知百歲同。心超行跡外，身在畫圖中。矍鑠殊難得，千秋有幾翁？

榆莢錢

星星榆莢綴盈枝，老眼看來漫欲持。天本無心成發育，人偏有意説鑪錘。仙姑嶺上風初定，桐子溪邊影半攲。屈指繁華都歇絶，悠然暮景起遐思。

郊居即事

不蓺桑麻不種瓜，屏居幽僻與偏賒。乍離好友如思酒，偶得新書勝看花。未許八公能相鶴，何妨陸羽解評茶。有時小立溪橋上，蓑笠相逢話晚霞。

三、四與表聖『得劍乍如添健僕，亡書久似憶良朋』句可以互證。

谷林寺

白雲渺無際，飀飀逗春雨。終宵破寂寥，瑟瑟寒鈴語。

高　卧

龍鬚舒八尺，高卧日將西。一枕羲皇夢，流鶯故故啼。

柳

永豐坊裏風流在，天寶宫中意緒多。不信春歸却無奈，等閒猶自舞婆娑。

胡業宏十一首

胡業宏　字屺堂，乾隆戊子舉人，官趙城知縣，有芑塘詩鈔。蔣士銓曰：『屺堂性豪宕不羈，不屑屑爲齷齪慳鄙之士，燈筵舞席，把酒賦詩，揮囊中金如泥沙，極才人瀟灑之致，庶幾過江名士，餘韻流風存什一于千百者。』顧諟屺堂集序曰：『屺堂銀毫作耒，春鋤研北之田；繡管多鋒，夜鑿牆東之火。嫋月中之楊柳，濯濯王恭；燦日下之芙蓉，翩翩謝眺。既而吳門燕市之飽諳，客況淒清；水驛山程之歷盡，紅塵蹭蹬。思鄉有夢，訊亡之血淚皆枯；異地懷人，感舊之青衫欲濕。兼綜博覽，匯百川以朝宗；領異標新，釀羣芳而成蜜。鏤冰繪水，未足喻其神奇；剪緑裁紅，詎能方其綺艷！』

自十廟上雞鳴山登北極閣

寒雨積匝月，初晴放柴關。乍喜春郊和，不畏泥塗艱。修樹媚行客，含青流新顏。引勝歷群剎，憑高選眾山。鍾阜秀可掬，宛轉呈烟鬟。傑閣極天峻，捫蘿身躋攀。市遠萬竈簇，城低千雉環。微雲倒後湖，碧落光潺潺。頓覺心胸開，能舒腰脚頑。除冠夕照斜，拂袖春風閒。莫驚林鳥歸，遲我新月還。

空城雀

空城雀，城空何處尋棲託？渴時自爲飲，饑來自爲啄。豈不徘徊飛廣漢，幾人乘爾危，伺隙中矰繳。行行且止身何着，吁嗟噫嘻空城雀！

瞿團師授經圖

故明異姓十八家，團公巨族稱清華。流傳五世澤不斬，圖球滿榻書盈車。先生文筆走龍蛇，酒酣大斗詩八叉。卜居清曠愛邗水，伊人宛在秋蒹葭。繞膝郎君兩髻丫，氣味清如蘭蕙芽。之無幼識不自恃，經畬史牘交相加。揚州門第半高牙，裘馬翩翩公子嘉。拾青掇紫自吾事，何須年少工塗鴉。此圖應使群然譁，不繪雕闌玉砌花。山寒石瘦耐岑寂，一編手把身趺跏。惟我書傭性嗜痂，十年辛苦無疵瑕。願取吾賢重遺澤，莫矜時好心咨嗟。

通體分六解用韻，取法元遺山。

秋日同方製荷姚虛堂范紫亭程衡帆孫虹岡秦淮泛舟分得七古用東坡清虛堂韻

德星遥聚非摶沙，秦淮八月過槐衙。金風款款露淅淅，一日看遍三秋花。昨自南郊越東郭，典衣醉卧一僧家。今朝涉水問桃渡，受風斜棹隨飛鴉。蓼灣荻岸自岑寂，高吟到處驚滂葩。宿酲未解不呼飲，清芳競鬭旗槍茶。伶工解事狀遊舫，闐然大鼓聲三撾。笙歌繼起遏雲表，欲參妙解空搔爬。風流我輩式里鄙，及時行樂休長嗟。插花歸去笑開口，明朝更欲窮棲霞。

嶷然蒼健，攀提毆、王。

晚發東林贈懶雲上人

路轉東林古寺西，羞將塵夢壓闍黎。两人攜手看魚躍，一笑無心過虎溪。山遠病樵肩雨過，驛荒寒馬背風嘶。煩君先與匡君約，春到重扶舊杖藜。

詠雁來紅

一天秋老雁南賓，七尺珊瑚雨後新。歷盡風霜顔不改，却慚憔悴是征人。

哭亡兒甯度

生未周齡我别離，三年蓬梗到家遲。呱呱詎料臨岐泣，即是今生永訣時。
提攜曾歷幾居諸，存殁都憑一紙書。縱有夢來儂不辨，音容知爾近何如？

蘄州道中

不奈崎嶇遠道何，禪關幾日卧滂沱。是誰檀板驚離夢，半學吴歌半楚歌。

和韻寄虚堂

紅辭上苑桃花謝，白點長堤柳絮飛。一樣春江新漲滿，上游何事鯉魚稀。

聞雅雨夫子有懸車之請

狂談不信赤松遊，緑野堂中第一儔。消得遺書三十卷，永年還作晉春秋。

胡　浤五首

胡　浤　字漪堂，乾隆間諸生，官新甯州吏目。

題受牧圖

物賤役于人，吞聲非瘖啞。羈紲亦所甘，鞭撻不稍暇。惻隱有同情，誰爲司牧者？牧人日以多，生息日以寡。君子深痛心，推恩及牛馬。牛馬夫何求，所適在原野。食之豐草間，飲之清溪下。但使遂其天，物情不相捨。三復把斯圖，意深難傾寫。

讀史 四首之一

故侯門第久張羅，車騎何勞一再過。軍旅衛民關至計，瘡痍剜肉已無多。熊羆入市當清晝，薏苡盈車奏凱歌。相顧戎行增氣概，擬將賣犢荷長戈。

意中別有指斥，慨乎言之。

金銀花

淺黃深白吐新芽，窗外浮香透碧紗。誰錫嘉名投眾好？未能免俗愧清華。合歸世上多藏處，開到人間屢空家。累百盈千收拾盡，霎時都是鏡中花。

卓文君

兒女情何限，白頭怨棄捐。相如長逝後，莫更聽揮絃。

遊仙詩

夢裏依稀馭紫鸞，絳都碧落謁仙官。入宮盡是金銀色，傍得浮雲一瞬看。

胡　廉七首

胡　廉　字郭昕，號伴山，嘉慶間處士，有窮吟集。

讀蘇秦列傳

合縱使秦愁，翩翩季子遊。黄金驕婦女，白手挾王侯。捭闔全憑舌，傾危豈到頭？當年書十上，閲敝幾貂裘。

書王荆公集後

獨造匠心奇，公文不偶欺。詩書翻誤國，經濟不通時。一建青苗法，終傾赤帝基。紛更成底事，空自比皋夔。

讀蜀志　二首之一

親揮旄鉞出陳倉，蛇鳥風雲指顧忙。抗表一心明漢賊，感恩三顧定行藏。生前失策留黄皓，死後論心待紫陽。義取春秋予正統，大書伐魏筆堂堂。以蜀爲正統，晉習鑿齒漢晉春秋已有定論，惜其書不傳。唐人如杜子美詩亦皆帝蜀賊魏，不起于紫陽也。惟溫公作通鑑以正統予魏，紫陽綱目乃正其失耳。

登樅陽白鶴峰

凌空峰勢踞樅陽，浩渺東南極目望。累累山光如挽髻，茫茫江路似回腸。射蛟天子懷元狩，跨鶴仙人憶武昌。倚檻蒼涼無限感，好同漁父詠滄浪。

古意

明月如明鏡，相照各不同。月照關山白，鏡照妾顏紅。

詠蠶

荏苒春將盡，纏綿共吐絲。可憐心死後，才是錦生時。

李斯

無復東門逐狡㚏，取容驕主竟忘身。扶蘇賜劍蒙恬死，到此難辭客負秦。

客果負秦，何所置辨？

胡琅四首

胡琅 字璞完，號容齋，嘉慶間諸生，有容齋詩鈔。張未齋序曰：『璞完孝友，文章蔚爲人望，顧數奇不遇，老於明經。其天性淡泊，不干勢要，從容歌嘯於山澤之中，生平客池陽，登九華，游齊山，足跡所經，觸景有會，一一寄之於詩。』

猛獸行

猛獸自昔産巴蜀，忽來吾桐肆殘毒。曰貊曰貘曰貔貅，或曰渾敦虎之屬。小者如犬大如牛，紛紛道路遍山陬。有時舐人咋人肉，有時盡食遺髑髏。鄉人執兵競驅逐，魯哄深處獲一隻。扛來獻異到公庭，果見異形爲異物。尾長曳地鬃覆面，白眉上豎獠牙見。毛黄斑黑皮草堅，舌如鋼鐵經錘錬。想見生前恣攫噬，對此死者神猶悸。寔聞寔見留寔紀，是爲道光乙酉歲。

多識於獸，亦足備博物之采。

過齊山寺

寺傍齊山結，門開湖水流。風來花滿徑，雨過客登樓。鳥語禪房静，鐘鳴古樹秋。夕陽堤上路，回望暮雲浮。

墓傍小築

迢遞招賢嶺，依依勢鬱蒼。望雲思化鶴，撫節近流觴。竹染千巖碧，蘭薰一徑香。傍山成小築，愧未表瀧岡。

林下夜坐

誰是寰區蓋代豪？且依林下避塵囂。天河挂水臨花近，山月窺人隱樹高。修竹露零頻弄影，寒松風定不聞濤。悠然坐久真吾在，欲待朝曦映布袍。

胡　昉十四首

胡　昉　字孟升，號澹泉，嘉慶間處士，有巢雲館詩稿。李效曾胡寄軒傳：『寄軒以選拔一等，官天鎮知縣。遭母憂，後遂不復仕。家居二十年卒。所著有寄軒文草四卷。其子昉工文，字善六書，愛蓄古今名蹟，老而窮，豪益甚，亦吾鄉異人云。』左良宇巢雲館詩稿序：『吾友胡君孟升，不慕榮利，環堵蕭然，有以自樂，望而知爲安貧守道之君子也。暇日有所感觸，發而爲詩歌，自爲怡悦，不求知於人也。歲久盈笥，諸同人爲刊其什之一二，曰巢雲詩云。』玉蓉山巢雲館詩序：『胡先生澹泉窮於詩，身奇貧，不事家人生計，人與之飲輒醉。遇人於途，無論賢愚貴賤，必立談移晷。其人長七尺，鬚毿毿繞其面，衣冠或不中度，居斗室，或笑而歌，或歌畢而笑，或繞屋走，潑墨爲畫，淋漓漭瀁，顛倒丘壑。喜録友人詩，有自忘其稿者，輒轉録之澹泉。』胡小東感澹泉詩：『白髮蕭條屋一椽，醒時高詠醉時眠。遺編零落今誰付？别去人間忽五年。』『前輩風流盡等夷，頭童翻被少年嗤。酒杯入手雄談辨，不信人言阿叔癡。』

懷吴海屏

旅食已無聊，况值歲云暮。微雨檐際零，寒鳥空中度。不見同心人，轉憶同遊處。引領望前山，遥天起烟霧。

偕左丈自蘭陵舟行至京口作

棹出毗陵港，重將返故鄉。兩樽傾緑酒，一夜過丹陽。點點催詩雨，蕭蕭落木霜。潤州城郭近，暮色已蒼茫。

梁溪暮春晚眺

東風吹雨到江城，曲港流多照眼明。紅杏晚烟深巷路，綠楊芳草去年情。愁生新月初三夜，怕聽陽關第四聲。行過小橋堪貰酒，誰家笑語出疏檽？

寄懷種芝先生杭州

殘年襆被梁溪夜，買櫂君旋入武林。三竺雲烟天外畫，六橋風月袖中吟。滿湖春草綠初長，前路山花紅已深。最是一樽新熟酒，如何睽隔不堪尋。

春柳次魯二瓊原韻　四首之一

當年曾譜柳枝歌，邗口春帆送綠波。客裏折從瓜步近，夢中青到灞橋多。雙雙戲蝶還依草，點點飛鴻恰渡河。轉眼棲鴉帶流水，阿男佳句誦如何。

寄吴春麓侍郎 時居徽之紫陽書院

九年惜别遠言歸，歸後依然見面稀。一值新涼秋意好，再逢殘臘雪花飛。近聞攝屐遊黄海，定許穿雲入翠微。愧我衰容無健足，朝朝空卧釣魚磯。

白下遇夢樓先生歸舟

昔憶荆州面，今逢白下門。蘭橈不相待，遥送謝公墩。

登金山

振衣獨立妙高臺，初日曈曨曙色開。萬里江天波浪湧，千帆都下潤州來。

寄懷姚賡華

故人南海去偏遥，雙鯉經秋不上潮。昨夜西風燈下夢，黄簾緑幕雨瀟瀟。

采蓮曲　四首之一

藕入泥污藕不淄，蓮房結子最高枝。藕絲不斷蓮心苦，誰識蓮心似藕絲？

余澹心板橋雜記題後

十里青溪長板橋，玉釵雲鬢總魂消。年年歌舞無休歇，半是花朝半雪朝。

山行即事言懷

曉日初生露滿陂，池塘雨足麥雙岐。楊花飄蕩飛如霰，一路青山叫子規。
茅屋蒸藜上午烟，黄鶊白鴨竹籬邊。看他牧豎騎牛穩，短笛横腰背向天。
山徑松楸夢幾回，年年寒食倍生哀。一盂麥飯攜先隴，只有彌甥伴我來。

伯道之流，何堪卒讀！

胡方朔二十六首

胡方朔 字翰臣，號小東，嘉慶辛未進士，官廣州知府，有果齋詩鈔。陳雪爐曰：『小東幼穎異，贈公雖貧甚，然授小東學，楚督之，年十三遊于庠，甫二十成進士，改庶吉士。旋官刑曹郎，儤直樞庭。趨公之餘，從事吟詠，與阮林、聿元、六驤、石甫先後相切劘，故其爲詩格致翩翩，情思濯濯，如輕縑素綃，纖塵不著。及出守粤東，吏事漸冗，而廣郡尤爲劇地，身素羸弱，不勝勞瘁，膏銷薰熄，良可憐悼，卒年甫四十。其詩刻之粤中，凡二卷。』

雜詩

種槐當道傍，下蔭田中苗。耽耽枝葉繁，直上干雲霄。槐蔭日以肥，原田日以磽。豈無甘露滋，層翳蔽其膏。吁嗟菀已枯，雜沓生蓬蒿。鵃鴞逐群雀，有罟當其前。群雀亦何辜，進退終難全。引吭聲啾啾，躑躅荒陵間。自非生六翮，安得登雲天？所願持罟者，睹此心生憐。

藹如之旨，流露自然。

崇垣歲已深，塗茨將無殘。一朝風雨來，頓擗當户間。徒庸興畚築，晨夜力已殫。力殫垣亦葺，善後良獨難。罅漏勤補苴，工師毋懷安。

三詩寄寓遥深，家國民物之間摯懷如見。

途中書懷　八首之二

昔賢有遺事，負米行百里。菽水足承歡，豈必在甘旨。饑寒故難任，早歲遠行旅。蓬飛辭本根，安得如葛藟？江河流日濁，感兹出山水。十載苦遠遊，眷言懷故鄉。故鄉行日近，有母隔遠方。燕山在雲表，淮水何湯湯。昨夜飄風發，忽夢在母旁。謂我容枯槁，顧我神慘傷。感泣一失聲，驚覺淚千行。鄰雞鳴東壁，斜月夜未央。

應與東野遊子吟同其沉惻。

題劉曙園小照即送之任岳州

名山雖不乏，適性終吾鄉。龍眠衆峰好，繞郭含青蒼。劉子結幽契，選勝開山房。危構俯靈壑，虚檐面崇岡。拂檻烟雲飛，繞砌溪水長。落日上高林，初月生微涼。斯時衆籟發，坐嘯清風揚。客至開瓊筵，一詠各一觴。宦遊共京洛，故山安可忘。安得結白社，與君共徜徉。君今策五馬，翩翩去岳陽。登樓試東望，江水徒茫茫。

登會稽山

會稽山色東南雄，插天青見香爐峰。我欲登之望東海，春雨初足雲猶封。輿厮嗤我脚無力，路險石滑心忡忡。且向山後尋石屋，夾澗流水鳴深松。烹茶暫憩高士榻，拔竹可當仙人筇。十步九坼驚巖裂，寺横山腹無路通。廵檐得徑出樓後，驀然一谷撑青空。雲散日出疾趨上，忽如太古開洪濛。海水連天動天碧，珠光明滅窺龍宫。越郡千里不容膝，錢唐一髮環如弓。西來秦望側相向，衆峰却立紛兒童。渡江以來山盡小，到此可以開心胸。欲從宛委探禹穴，霓旌翠羽神潛蹤。風生吹衣雨灑面，奔雷掣電來從東。山靈促我下山去，咫尺已有雲千重。明入湖湘訪南嶽，夢魂飛繞青芙蓉。

富春舟中

東風習習吹簾開，吹送無數青山來。舟輕帆側載不起，散落青光滿江水。江水無情逐遠程，後山相送前山迎。山山都惜遊人去，故遣流雲伴客行。

飄隨湘轉，純任自然。

七月五日爲先儒鄭康成生日偕朱蘭坡侍講郝蘭皐農部洪孟思明府畢恬溪孝廉馬元伯水部徐六驤農部胡墨莊編修玉鐎庶常竹村孝廉集萬柳堂設祭晚過安化寺亡友張阮林之柩在焉率成二律

北海已云遠，玆辰空復秋。遺經同展拜，良會此登樓。勝地懷廉相，高風想冀州。溷軒無限意，翹首白雲留。

斜日忽西下，歸途擁暮陰。荒原一凭吊，宿草恨何深。舊雨已成夢，清風尚滿襟。獨憐流水意，惆悵伯牙琴。

秋日偕徐六驤姚鷹青子卿光律原敏之左匡叔孫心筠吴紫卿馬星房泛舟通惠河

秋色渺無際，臨流興更長。荒烟墟市外，一櫂水雲涼。葦老花全白，林疏葉半黄。醉來聞鼓枻，吾欲濯滄浪。

懷鮑覺生先生

當代論風雅，如公久寂寥。雲霞開曙色，江海動春潮。白眼看塵俗，丹心答聖朝。閉門吟楚些，涼月晚蕭蕭。

侍郎文采風流，輝映一時，三、四寫照故爲不愧。

過南康縣

晚過芙蓉渡，田仙問舊廬。山深風嘯虎，江静月窺魚。駐景方難覓，樓巖願總虚。回看營火亂，城郭上燈初。

東　風

東風一夜渡春江，紫燕黄鸝盡作雙。偏唤新愁歸舊苑，更催暖日上寒窗。西樓無處尋殘夢，南浦經年送畫艭。鄰女不知離恨滿，隔牆相約采蘭茳。

沈、宋風調。

送石甫之任平和

君從炎海涉波濤，吟到燕山秋正高。瘴雨蠻烟今又去，浮雲落日思偏勞。何時尺素來雙鯉，趁取靈潮釣六鼇。洗眼看君成茂宰，獨憐無處覓詩豪。

萬柳堂懷徐樗亭

高林隱隱唤青鳩，野水濛濛泛白鷗。三月烟花紛過客，一城風雨獨登樓。壯懷欲飲憐新病，曉色增寒似暮秋。忽憶故人同醉此，楚天香草隔江舟。

喜六驤至京並以詩集見示

每向天南望客星，壯君遊興滿滄溟。靈潮夜月觀炎海，落葉秋風過洞庭。別後河梁三載夢，到來蘭芷一時馨。詩懷況有江山助，擊筑高歌許其聽。

左石僑選豐縣訓導過皖見訪奉贈

白屋長吟四十春，一官猶喜絶風塵。盤中苜蓿思將母，江上梅花問故人。獨客悲秋難作賦，廣文乞酒不辭貧。愁心又逐河淮水，古社枌榆別夢新。

與馬元伯同客海上賦贈

炎方瘴癘海雲蒸，愁倚高樓思不勝。鴻影望殘天北極，鯨波霄見日東升。君行萬里來相伴，我訪三山病未能。且向樽前商去住，雙懸別恨一青燈。

四語百鍊出之極爲宏偉。

自粤還京適徐六驤已南旋矣聞將迂道工次因寄

迢迢炎海赴燕山，豈料君先十日還。積歲那云離別淺，相思未許夢魂閒。可能瓠子紓奇策，正憶梅花滿故關。歸去應逢春酒熟，高堂白髮且怡顏。

南雄登舟

朝辭章江路，暮宿湞江頭。今朝江上水，不向故鄉流。

過嶺，則水皆南流入海矣。

雨過揚州

維揚城郭晚烟浮，簫管家家醉綺樓。可惜二分明月夜，涼風吹雨送孤舟。

郊　行

十里春風隴上行，山南布穀正催耕。分秧處處田歌起，遥應前村打麥聲。

過湯陰

秋雲漠漠草離離，風雨孤城向晚悲。更下行人數行淚，鄂王祠近侍中祠。

浮山留別吴待虁即送之金陵兼懷孟塗

送君一櫂金陵去，吟罷鍾山又攝山。爲向劉郎語消息，騎驢昨度紫霞關。

上元日入直見潘芸閣侍講宴罷攜鹿肉出戲詠

閶闔門開五色雲，仙官割肉意欣欣。可憐曼倩空編貝，縮手歸來對細君。

文學侍從之動人欣慕如此。

胡烜十六首

胡烜 字耔書，號拙夫，嘉慶間處士，有目耕軒詩稿。

雜感 八首之三

鏡不窮於照，非逐人爲明。金不窮於響，非執人爲聲。汲汲與察察，君子惡其行。守静以待動，道貴在無迎。物來而始見，有叩而後鳴。

自田不復井，天下少豐年。自士不服畝，天下少明賢。仰人以爲食，食少豈能兼？饑寒既不恤，淳樸亦難全。漢制猶近古，孝弟在力田。

五兵原禦暴，資之以殺身。六經原治國，資之以害人。豈相口時勢，因民以利民。官禮誠良法，乃不先雎麟。强人以行禮，周公爲不仁。

吴絅庵評：『數章高懷遠寄，妙論稠叠，皆閱歷有得之言，非徒格致簡古。』

射蛟臺懷古

大江日射海門東，瑶光一碧凝蒼穹。風聲水聲不絶耳，波濤萬頃澒洞中。荒亭一角臨江渚，珠簾甲帳連艟艨。回首潯陽匯九派，蛟龍出没馮夷宫。瞥如鼇背負山至，巨物蜿蜿淩長虹。白馬銀鼉爭戲逐，逢逢鼉鼓鳴秋風。漢帝勃然赫斯怒，勁弩齊發威江東。掃除怪物靖江介，淋漓血染江波紅。我聞元封開邊徼，百粤牂牁力戰窮。萬里鑿空心未厭，復於鱗甲校兵戎。將毋乃祖三尺劍，手持垓下揮群雄。射蛟猶繼斬蛇烈，繩武厥祖將毋同。

讀賈誼傳

上書長痛哭，憂國在書生。發難先鼂錯，投荒後屈平。道逢明主抑，才以少年輕。一問虚前席，終當屬老成。

張勖園曰：『議論能舉其大，讀五、六語，賈傳有知，還應痛哭。』

昌黎文公廟

織就天孫錦，分章下大荒。高文空八代，盛氣壓三唐。太學先生座，尼山弟子行。儒林崇俎豆，百世有輝光。

張評：『包括本事，氣足神完。』

惜陰亭

翼戴隆勳效在勤，駒光遠共姒王分。六朝誤盡清談俗，百甓勞從志士聞。冷署寸陰留日月，荒臺一畝際風雲。天公應惜桑榆晚，古樹猶看挂夕曛。

岳忠武王

解讀春秋在復仇，美髯公後子爲優。孫吴到眼無成法，兵甲藏胸有定謀。挫敵差强文信國，得君翻遜武鄉侯。何當運際潘曹日，收取燕雲十六州。

專以神武詠岳，脱去窠臼。

暮春喜何金波見過

門外難停夕照西，匆匆人到竹雞啼。漫思牛馬同遷走，且喜鸞凰共棘棲。三月又逢春在水，百年何惜醉如泥。近君書法傳來好，繭紙從今價不低。

附七言摘句：『于今相馬誰憐瘦？自古求龍不愛真。』『長歌北地交屠狗，短笛南山事飯牛。』『豈有赤松從導引？須知黄石亦虛名。』又詠史句，金陵：『盤龍自是歸真主，天塹從來誤小朝』。隋宫：『官家行樂無餘事，天子爲文欲上人』。漢武：『天上來歌西極馬，人間聚哭朔方兵。』荀彧：『亂世奸雄難共濟，卧廬王佐不同朝。』韓世忠：『偕妻撾鼓黄天蕩，對敵彈棋白面山。』

長信怨

長信階前月，輕雲隔幾回。團圞偏有信，三五逐人來。

張評：『含蓄不露。』

送　別

楊子江頭柳，依依送客舟。如何攀折盡，不減一分愁。

陳　宮

春江狼尾渡飛兵，結綺猶聞玉樹聲。但使井中寒冽在，且將奇節許傾城。

塞下曲

萬里金城誓掃開，武皇當日重邊才。可憐一片沙場骨，都作封侯熱夢來。

與陳、陶詩調同而意異，亦殊奇警。

少軍行

買得中山酒一瓢，金鑣奪得馬蹄驕。千秋肝膽知誰共？試到要離墓上澆。

張評：『俠骨豪情，勃勃紙上。』

江村竹枝詞

木鵝洲外竹雞啼，苦竹叢中春日西。行到江南已腸斷，不須芳草緑萋萋。

張云：『頗合竹枝縹緲之音。』

皖公城上皖山青，皖公城下皖江明。皖城遊女弄江水，流出相思無限情。

張評：『遠追夢得，近揖鐵崖，最爲神到之作。』